Die AfD und ihre Mitglieder

Hubert Kleinert

Die AfD und ihre Mitglieder

Eine Analyse mit Auswertung einer exemplarischen Mitgliederbefragung hessischer Kreisverbände

Hubert Kleinert
Hessische Hochschule für Polizei und Verwaltung
Gießen, Deutschland

ISBN 978-3-658-21715-0   ISBN 978-3-658-21716-7 (eBook)
https://doi.org/10.1007/978-3-658-21716-7

Die Deutsche Nationalbibliothek verzeichnet diese Publikation in der Deutschen Nationalbibliografie; detaillierte bibliografische Daten sind im Internet über http://dnb.d-nb.de abrufbar.

Springer VS
© Springer Fachmedien Wiesbaden GmbH, ein Teil von Springer Nature 2018
Das Werk einschließlich aller seiner Teile ist urheberrechtlich geschützt. Jede Verwertung, die nicht ausdrücklich vom Urheberrechtsgesetz zugelassen ist, bedarf der vorherigen Zustimmung des Verlags. Das gilt insbesondere für Vervielfältigungen, Bearbeitungen, Übersetzungen, Mikroverfilmungen und die Einspeicherung und Verarbeitung in elektronischen Systemen.
Die Wiedergabe von Gebrauchsnamen, Handelsnamen, Warenbezeichnungen usw. in diesem Werk berechtigt auch ohne besondere Kennzeichnung nicht zu der Annahme, dass solche Namen im Sinne der Warenzeichen- und Markenschutz-Gesetzgebung als frei zu betrachten wären und daher von jedermann benutzt werden dürften.
Der Verlag, die Autoren und die Herausgeber gehen davon aus, dass die Angaben und Informationen in diesem Werk zum Zeitpunkt der Veröffentlichung vollständig und korrekt sind. Weder der Verlag noch die Autoren oder die Herausgeber übernehmen, ausdrücklich oder implizit, Gewähr für den Inhalt des Werkes, etwaige Fehler oder Äußerungen. Der Verlag bleibt im Hinblick auf geografische Zuordnungen und Gebietsbezeichnungen in veröffentlichten Karten und Institutionsadressen neutral.

Gedruckt auf säurefreiem und chlorfrei gebleichtem Papier

Springer VS ist ein Imprint der eingetragenen Gesellschaft Springer Fachmedien Wiesbaden GmbH und ist ein Teil von Springer Nature
Die Anschrift der Gesellschaft ist: Abraham-Lincoln-Str. 46, 65189 Wiesbaden, Germany

Inhalt

1 Einleitung 1
2 Wie rechts ist die AfD? 5
3 Eine kurze Geschichte der AfD 17
4 Politik und Programmatik der AfD 35
5 AfD und neue Rechte 43
6 Die Organisationsstruktur der AfD 47
7 Das Projekt Mitgliederstudie 51
8 Soziodemografische Daten, politische Biographien und politische Selbsteinschätzungen 57
9 Politische Einstellungsmuster 71
10 Das rechtsradikale Potential 111
11 Fazit 115

Nachwort 127
Literaturverzeichnis 129

Einleitung 1

Bei der Bundestagswahl am 24. September 2017 haben 5,9 Millionen Wähler der „Alternative für Deutschland" (AfD) ihre Stimme gegeben. Das entspricht einem Wähleranteil von 12,6 % und 94 Abgeordneten, von denen zwei die AfD inzwischen verlassen haben. Besonders stark abgeschnitten hat die Partei in Ostdeutschland, wo sie einen Stimmenanteil von 22 % erreichen konnte und zur zweitstärksten Partei wurde. In Sachsen gelang es ihr mit 27 % sogar, die CDU zu überflügeln und zur stärksten politischen Kraft zu werden.

Dabei hat die AfD Stimmen aus fast allen politischen Lagern hinzugewinnen können. Die Wählerwanderungsbilanzen der Wahlforschung weisen aus, dass die Partei knapp eine Million ehemaliger Unionswähler, aber auch 450.000 frühere Wähler der Sozialdemokraten ansprechen konnte. Ein noch größerer Teil der Stimmen kam von früheren Nichtwählern, was den Schluss nahelegt, dass die gegenüber 2013 höhere Wahlbeteiligung in erster Linie mit der Kandidatur der AfD zusammenhängt[1].

Der Einzug der AfD in den Bundestag ist der vorläufige Höhepunkt einer wahlpolitischen Erfolgsgeschichte, die bereits kurz nach der Gründung der Partei im März 2013 ihren Anfang nahm. Zwar gelang der AfD bei den Bundestagswahlen 2013 der Einzug ins Parlament noch nicht. Aber ihr Ergebnis von 4,7 % musste bereits damals – so kurz nach der Parteigründung – als Achtungserfolg betrachtet werden. Schon im Frühsommer 2014 feierte die Partei mit 7,1 % der Stimmen den Einzug ins Europaparlament.

---

1 Vgl. Der Bundeswahlleiter, Endgültiges Ergebnis der Bundestagswahl 2017, online: www.Bundeswahlleiter.de/Bundestagswahlen 2017, Zugriff am 5.1.2018. Zur Analyse vgl. u. a. Forschungsgruppe Wahlen, Analyse der Bundestagswahl 2017, online: www. Forschungsgruppe.de, Die Kurzanalyse, aufgerufen als PDF-Datei am 5.1.2018 sowie Infratest dimap, Wählerwanderungsbilanz, zit. nach https://Wahl.tagesschau.de, Zugriff am 5.1.2018

© Springer Fachmedien Wiesbaden GmbH, ein Teil von Springer Nature 2018
H. Kleinert, *Die AfD und ihre Mitglieder*,
https://doi.org/10.1007/978-3-658-21716-7_1

Trotz immer wieder aufbrechender Richtungsstreitigkeiten und personeller Querelen, die mitunter chaotische Züge annahmen, kam die AfD auch bei den folgenden Landtagswahlen zu Erfolgen. Im Herbst 2014 gelang ihr mit 9,7 % der Einzug in den sächsischen Landtag. In Brandenburg und Thüringen schnitt sie mit 12,7 % bzw. 10,6 % sogar noch besser ab.

Nachdem der Parteitag in Essen mit der Niederlage des lange öffentlich prägenden Parteigründers Bernd Lucke gegen Frauke Petry im Juni 2015 eine Parteispaltung zur Folge hatte, viele der stärker wirtschaftsliberal orientierten Eurokritiker um Lucke die AfD verließen und dieser Schritt in der Öffentlichkeit als „Rechtsruck" bewertet wurde, schien der Höhenflug der neuen Partei erst einmal beendet. Der Kreis um Lucke gründete eine eigene Gruppierung und kritisierte scharf den Kurs ihrer alten Partei.

Doch im Herbst 2015 lieferte die Grenzöffnung der Bundeskanzlerin und die folgende Flüchtlingskrise der AfD ein Thema, das ihr neue Wähler zutrieb. Da die in weiten Teilen unkontrollierte Masseneinwanderung in der Bevölkerung neben Zustimmung und Engagement auch viel Unmut und Kritik auslöste, nach der Anfangseuphorie bald auch Schattenseiten und Probleme sichtbar wurden und die etablierten Bundestagsparteien mit Ausnahme der CSU diese Vorbehalte und Kritik nicht abbildeten, ergaben sich daraus für die AfD ideale Bedingungen für einen „selbsttragenden" Aufschwung. Dieser erhielt durch die Terroranschläge in Paris im November 2015 und die Übergriffe vornehmlich nordafrikanischer junger Männer in der Silvesternacht 2015/16 in Köln bald zusätzlichen Auftrieb[2].

Vor diesem Hintergrund erreichte die AfD bei den Landtagswahlen in Sachsen-Anhalt im März 2016 fast ein Viertel der abgegebenen Wählerstimmen (24,3) und stellt jetzt dort die zweitstärkste Fraktion im Landtag. Auch im Westen kam die Partei zu spektakulären Erfolgen. In Baden-Württemberg lag sie mit 15,1 % deutlich vor der SPD und wurde zur drittstärksten Kraft. In Rheinland-Pfalz erhielt sie 12,6 %.

Nachdem durch Schließung der Balkanroute und das Flüchtlingsabkommen mit der Türkei die Flüchtlingszahlen zurückgingen und damit das wichtigste Thema der Partei an Bedeutung zu verlieren schien, wurde auch ein Abschwung der AfD erwartet. Doch die Partei blieb zunächst weiter auf Erfolgskurs. In Mecklenburg-Vorpommern wurden im Herbst 2016 20,8 erreicht. Bei den Wahlen zum Berliner Abgeordnetenhaus kam sie auf 14,2 %.

Die Landtagswahlen im Frühjahr 2017 zeigten allerdings, dass die Bäume für die AfD nicht in den Himmel wuchsen. Im Saarland, in Schleswig-Holstein und in

---

[2] Zur Entwicklung zwischen Sommer 2015 und Frühjahr 2016 vgl. u. a. die detailreiche Chronik und Analyse bei Alexander (2017).

1 Einleitung

Nordrhein-Westfalen lagen ihre Ergebnisse unter den Erwartungen. So hofften viele ihrer politischen Konkurrenten darauf, dass die AfD auch bei den Bundestagswahlen „nur" ein Ergebnis im einstelligen Bereich erzielen würde. Das kam dann anders. Mit ihrem Wahlerfolg vom 24. September und dem kurz darauf gelungenen Einzug in den Landtag von Niedersachsen ist die Partei in 14 Landtagen, im Bundestag und im Europaparlament vertreten. Seit der Bundestagswahl 2013 hat sie den Einzug in alle überregionalen Parlamente geschafft, die seither gewählt wurden. Allein in Bayern und Hessen ist sie noch nicht vertreten. Aus heutiger Sicht bestehen wenig Zweifel, dass ihr im Herbst 2018 auch das gelingen wird.

Mit dem Ergebnis der Bundestagswahl 2017 hat die Diskussion um Ausrichtung und politische Verortung der AfD eine zusätzliche Brisanz erhalten. Was schon seit Gründung der Partei Gegenstand vieler Debatten in Politik, Wissenschaft und Publizistik war, hat durch die Präsenz dieser Partei im wichtigsten Verfassungsorgan der Bundesrepublik Deutschland und den damit verbundenen Öffentlichkeitszugängen weiter an Bedeutung gewonnen. Fast alle Kommentatoren stimmten in den Tagen nach der Wahl darin überein, dass der Einzug der AfD in den Bundestag, zumal in dieser Stärke, einen Einschnitt in der politischen Geschichte der Bundesrepublik bedeute. Wie weit das reicht, machte nicht zuletzt die Begründung der SPD für die unmittelbar nach der Wahl zunächst selbst gewählte Oppositionsrolle deutlich: Neben der aus dem Wahlergebnis gefolgerten „Abwahl" der Großen Koalition verwies die SPD-Führung auch darauf, dass man der AfD nicht den Platz der stärksten Oppositionsfraktion überlassen dürfe. Tatsächlich ist es seit Gründung der Bundesrepublik Deutschland noch keiner Partei gelungen, mit einem solchen Ergebnis erstmals in den Bundestag einzuziehen. Grund genug, sich genauer mit diesem politischen Phänomen zu beschäftigen.

Wer sich sozialwissenschaftlich der AfD zu nähern versucht, sieht sich rasch mit einem besonderen Problem konfrontiert. Der Empörungsfuror, mit dem weite Teile der Öffentlichkeit und der politischen Konkurrenz den Aufstieg der AfD begleitet haben, schafft Rahmenbedingungen, die die nüchterne wissenschaftliche Analyse nicht gerade erleichtern. So gewinnt auch der geübtere professionelle Betrachter leicht den Eindruck, sich auf vermintem Gelände zu befinden.

Auf der einen Seite stehen die, die diese Partei mit moralisierendem Skandalisierungsgestus wie selbstverständlich in die Tradition der radikalen Rechten rücken, auf der anderen die Skandalisierten, die sich als Opfer von Medienmanipulation oder gar einer „Lügenpresse" wähnen und auch sozialwissenschaftlichen Analysen nicht selten eine Voreingenommenheit unterstellen. Bedächtigere und sorgfältig wägende Stimmen finden sich demgegenüber selten.

Deshalb soll hier zunächst die Problematik einer sozialwissenschaftlichen Zu- und Einordnung der AfD näher behandelt werden. Daran schließen Kapitel zu Geschichte, Programmatik und Struktur dieser Partei an. Diese Kapitel bilden den Hintergrund für den eigentlichen Hauptteil unserer Arbeit, die Vorstellung eines empirischen Forschungsprojekts zur Ermittlung von soziographischen Daten und politischen Einstellungen der Mitglieder von zwei hessischen AfD-Kreisverbänden sowie Darstellung und Interpretation der Ergebnisse. Ein besonderer Abschnitt befasst sich anschließend mit Ausmaß und Bedeutung rechtsradikaler Einstellungen in der Partei. Im Fazit wird abschließend der Versuch gemacht, den politischen Standort der AfD im Lichte unserer Forschungsergebnisse zu deuten.

Dieses Vorgehen ist deshalb geboten, weil so die exemplarische Mitgliederstudie in den Kontext der politikwissenschaftlichen Diskussion zur AfD eingerückt werden kann. Bereits die Vielzahl der publizistischen Verortungen der AfD als „rechtspopulistisch" muss die Frage provozieren, wie weit eine solche Verortung vor dem Hintergrund empirisch ermittelbarer Einstellungsmuster der Mitgliedschaft tatsächlich als gerechtfertigt angesehen werden kann. Und Geschichte, Programmatik und öffentliches Auftreten der Partei rücken die Frage in den Blickpunkt, wie weit gerade die häufig als „Grenzüberschreitung" gedeuteten öffentlichen Einlassungen von AfD-Repräsentanten in den Einstellungen der Parteibasis tatsächlich verwurzelt sind.

Wie rechts ist die AfD? 2

Schon seit Gründung der AfD wird darüber diskutiert und gestritten, wie weit rechts diese Partei einzuordnen und wie stark sie von rechtsradikalem, rassistischem, womöglich sogar neonazistischem Gedankengut beeinflusst sei. Bereits im Vorfeld der Europawahl 2014 war es darüber zu einer heftigen Kontroverse gekommen. Nachdem die Bundeszentrale für Politische Bildung auf ihrer Internetseite ein Parteienporträt des Politikwissenschaftlers Karl-Rudolf Korte veröffentlicht hatte, in dem davon die Rede war, dass die Partei von weiten Teilen der Politikwissenschaft als „rechtspopulistisch" bezeichnet werde, hatte Parteisprecher Lucke die Bundeszentrale heftig angegriffen[3].

Mit der wachsenden Dominanz von Einwanderungs- und Islamkritik in der Politik der AfD, dem Austritt des Lucke-Flügels und dem Erfolg der Partei hat sich die Etikettierung der AfD als „rechtspopulistisch" weitgehend durchgesetzt. Ältere Ansätze, die in der AfD einen wirtschaftsliberalen, einen nationalkonservativen und einen rechtspopulistischen Flügel unterscheiden wollten, haben in der öffentlichen Debatte an Bedeutung verloren[4]. Dafür haben solche Stimmen Raum gewonnen, die die Partei als „rechtsradikal" ansehen. Auch Begriffe wie „radikale Rechtspartei" tauchen häufiger auf. Ein früherer Außenminister der Bundesrepublik hat im Herbst 2017 die AfD programmatisch sogar in die Nähe der NSDAP gerückt[5].

Nach allen vorliegenden Zeugnissen und allen denkbaren Kriterien kann kein Zweifel bestehen, dass die AfD rechts von der politischen Mitte einzuordnen ist. In der Politikwissenschaft ist weithin unbestritten, dass für die Einordnung von

---

3 Vgl. Decker (2016), S. 10
4 Vgl. z. B. Werner (2015) und Bebnowski (2016), S. 25ff. Anders verortet Melanie Amann die Flügel der AfD. Sie unterscheidet zwischen „Karrieristen", „Ideologen" und „Idealisten", vgl. Amann (2017), S. 128ff.
5 Vgl. das Interview mit Joschka Fischer in DER SPIEGEL 43/2017 vom 20.10.2017, „Joschka Fischer sieht AfD in der Tradition der NSDAP"

Parteien in das angestammte rechts-links-Schema die Positionierung der Partei zu zwei gesellschaftlichen Grundkonflikten als maßgeblich betrachtet werden muss: Zum sozioökonomischen Verteilungskonflikt und zu den soziokulturellen Wertekonflikten. Dabei hat die zweite Konfliktlinie in den letzten Jahrzehnten deutlich an Bedeutung gewonnen.

Bei der ersten Konfliktlinie stehen sich die Grundpositionen der Marktfreiheit und die Positionen der sozialen Gerechtigkeit gegenüber. In der zweiten bilden konservativ-autoritäre auf der einen und libertäre Orientierungen auf der anderen Seite die beiden Pole, wobei ökologisch-kosmopolitisch-multikulturalistische Orientierungen dem linken Pol zugeordnet werden, die Betonung des Nationalen und der Ansprüche der Mehrheit dem rechten. Mögen bei den klassischen Verteilungskonflikten im Blick auf die Verortung der AfD noch Zweifel möglich sein, weil sich in ihrer Programmatik sowohl marktliberale wie sozialprotektionistische Elemente finden, so ist die Positionierung der Partei auf der soziokulturellen Konfliktlinie eindeutig. Gesellschaftspolitisch steht die Partei deutlich rechts von der CDU und auch weiter rechts als die CSU.

Weniger klar dagegen ist, wie weit rechts sie steht. Handelt es sich um eine nationalkonservative, nationalliberale, eine rechtspopulistische oder gar um eine rechtsradikale Partei? Bewegt sie sich in der Tradition rechter Parteigründungen wie der „Republikaner"? Handelt es sich um eine neue, gleichwohl demokratische Rechtspartei? Oder ist die AfD in Wahrheit noch etwas ganz anderes? Bildet sie eher ein Sammelbecken für überwiegend „bürgerlichen" Protest gegen den ökologisch-libertären und genderisierten Multikulti-Zeitgeist? Und was folgt daraus für den Umgang mit ihr?

In der wissenschaftlichen Analyse der neuen Rechtsparteien dominiert inzwischen der Begriff des Rechtspopulismus. Dabei ist der Bedeutungsgehalt des Begriffs nicht eindeutig und entsprechend umstritten. Dies ist umso problematischer, als der Begriff selbst pejorativen Charakter hat und auch als politischer Kampfbegriff verwendet wird. Hinzu kommt das Problem der Abgrenzung zwischen „Rechtspopulismus" und „Rechtsextremismus". Auch in Teilen der Publizistik verschwimmen diese Unterschiede häufig; mitunter werden die beiden Begriffe im Blick auf die AfD sogar synonym verwendet.

In der wissenschaftlichen Literatur lassen sich verschiedene Bedeutungsgehalte des Populismus-Begriffs unterscheiden. Ein Bedeutungsgehalt stellt auf die Suggestion einfacher Lösungen für komplexe Probleme ab. Danach würden „Populisten" – ob von links oder von rechts – dem „Volk" unrealistische und übervereinfachte Problemdefinitionen und Problemlösungen anbieten.

Ein zweiter Bedeutungsgehalt rückt die Annahme eines dichotomischen Gegensatzes zwischen einem „guten Volk" und den „bösen Eliten", die die wahren

Interessen dieses Volkes verrieten, in den Mittelpunkt. Dieses „Volk" wird als Einheit gedacht und romantisierend überhöht. Eine wichtige Rolle spielt dabei der Identitätsbegriff. Zu ihm gehört die Abgrenzung von Minderheiten, die nicht zu diesem „Volk" gehören. Als wichtiges Kriterium gilt in vielen Verwendungen des Populismus-Begriffs auch die zentrale Rolle charismatischer Führungsfiguren, die eigentlich gar keine Partei mit entsprechenden institutionellen Strukturen führen wollen, sondern eher eine Bewegung[6].

Soweit mit Populismus die Suggestion einfacher Lösungen für komplexe Probleme gemeint ist, hat diese Definition im Blick auf die AfD einiges für sich. Wie wir noch sehen werden, gilt dies aber allenfalls eingeschränkt. Denn das Grundsatzprogramm der AfD ist keineswegs so simpel gestrickt, dass sich ein solcher Eindruck dadurch leicht untermauern ließe. Wie immer man das 190 Seiten starke Grundsatzprogramm der AfD im Detail beurteilen mag: Es überwiegt ein sachlicher Grundton, der sich auf eine Vielzahl von Politikfelder durchaus detaillierter einlässt.

Deutlich plausibler wird das Etikett, wenn man den zweiten Bedeutungsgehalt des Begriffs heranzieht, der die Unterstellung eines dichotomischen Gegensatzes zwischen dem „guten Volk" und den „abgehobenen", „bösen" oder gar „korrupten" Eliten zum Inhalt hat. Diese Dichotomie spielt in Politik und Programmatik der AfD tatsächlich eine zentrale Rolle.

Gar nicht passend wiederum ist der Begriff für die AfD, wenn man ihn durch die zentrale Rolle charismatischer Führungspersönlichkeiten definiert sieht. Im Gegensatz zu anderen europäischen Parteien, die der „Neuen Rechten" zugeordnet werden, sucht man danach in den Reihen der AfD bislang vergeblich. Im Gegenteil ist die Partei bislang eher durch einen hohen Verschleiß ihres Führungspersonals aufgefallen. Bis heute hat niemand an der Parteispitze eine derartige persönliche Machtfülle erlangen können, dass von einer zentralen Rolle charismatischer Personen als wesentlichem Element ihres politischen Erfolgs die Rede sein könnte. Die oft langwierigen, mitunter quälenden Abläufe der AfD-Parteitage mit ihren vielen Geschäftsordnungsdebatten wie der nicht selten ätzende Grundton innerparteilicher Auseinandersetzungen erinnern mitunter eher an die Anfangszeiten der Grünen oder an die Piratenpartei.

Nur bedingt zutreffend erscheint auch das Merkmal „Bewegung". Zwar will die AfD auch strukturell anders sein als die „Etablierten", was sich schon aus ihrer Opposition gegen das „Elitenkartell" ergibt. Und in den kontroversen Debatten

---

6 Zum Populismus-Begriff vgl. u. a. Jörke/Seltz (2017), Müller (2016), Priester (2012) sowie Marcel Lewandowsky (2016), Dossier zum Rechtspopulismus, http://www.bpb.de/politik/extremismus/rechtspopulismus/241385/was-heisst-rechtspopulismus, Zugriff am 28.1.2018

um das Verhältnis zu PEGIDA und ähnlichen Erscheinungen des außerparlamentarischen Protsts sind auch Vorstellungen einer „Bewegungspartei" artikuliert worden. Alexander Gauland hat vor einiger Zeit ein Selbstverständnis formuliert, das mit seiner Unterscheidung zwischen der gleichermaßen wichtigen parlamentarischen wie außerparlamentarischen Rolle der Partei an die Vorstellungen aus der Gründerzeit der Grünen erinnert, wo vom „Standbein" der Partei in den „sozialen Bewegungen" und ihrem „Spielbein" in den Parlamenten die Rede war. Ein solches Verständnis ist jedoch in der AfD keineswegs unumstritten, wie z. B. die überwiegende Ablehnung von PEGIDA-Ablegern im Westen durch die dortigen Kreis- und Landesverbänden gezeigt hat.

Im Lichte dieser Bedeutungsgehalte lässt sich die Charakterisierung der AfD als „rechtspopulistisch" nur eingeschränkt nachvollziehen. Zweifellos trägt die Partei auch populistische Züge. Doch zugleich dominieren in vielen Landesverbänden – zumindest im Westen – solche Kräfte, denen eine nationalkonservative Partei konventionellen Zuschnitts vorschwebt.

Die Plausibilität von Etikettierungen wie „rechtspopulistisch" oder gar „rechtsradikal" wird meist am öffentlichen Auftreten von AfD-Repräsentanten festgemacht. Tatsächlich fallen nicht wenige von ihnen häufiger durch provokante Zuspitzungen auf, manche auch durch verbale Entgleisungen, die manchmal auch beleidigenden Charakter haben. Wenn etwa Björn Höcke 2015 davon sprach, der Flüchtlingszustrom werde zu einem „kulturellen Völkermord am deutschen Volk" führen, musste ein solcher Sprachgebrauch an völkische Ideologien unseligen Angedenkens erinnern[7]. Erst Anfang Januar 2018 haben Vorstandsmitglied Beatrix von Storch und Fraktionssprecherin Alice Weidel irritierende online-Auftritte abgeliefert, die ihnen umgehend den Vorwurf der Volksverhetzung eingetragen haben[8].

Mitunter wird der AfD eine „Strategie der gezielten Provokationen" unterstellt, mit der kalkuliert der Bereich des „Sagbaren" immer weiter nach rechts ausgeweitet werden solle. Ob es diese Strategie nun gibt oder nicht – es sind diese öffentlichkeitswirksamen und provokanten Interventionen, die das öffentliche Bild der Partei bestimmen und als Belege für ihren politischen Standort herangezogen werden.

Tatsächlich liefern einige AfD-Politiker immer wieder Anlässe zu solchen Schlussfolgerungen. Andererseits haben das Ausmaß der öffentliche Skandalisierung von Interviewäußerungen führender AfD-Politiker in der Vergangenheit nicht immer einer genaueren Überprüfung des tatsächlich Gesagten standgehalten, was wiederum den Eindruck medialer Voreingenommenheit aufkommen lassen

---

7   zit. nach Amann (2017), S. 38
8   Vgl. FAZ vom 3.1.2018

2 Wie rechts ist die AfD?

musste⁹. Wo die Grenzen zwischen einer im demokratischen Meinungskampf zulässigen polemischen Zuspitzung und einer „unredlichen" oder „hetzerischen" populistischen Übervereinfachung liegt, wird dabei oft wenig reflektiert.

Ein Beispiel dafür lieferte schon am Wahlabend der Streit um Alexander Gaulands Ankündigung, man wolle „Frau Merkel jagen". Jagd mache man auf Tiere, meinte ein Rundfunkkommentator, wohl in Unkenntnis der Tatsache, dass derartige polemische Ausdrucksweisen zumindest früher zum Standardrepertoire aller möglichen Oppositionspolitiker gehörten. Auch beim Aufstieg der Grünen in den frühen achtziger Jahren haben übervereinfachte Bilder vom Gegensatz zwischen der „guten" Basis und den „bösen" Etablierten eine zentrale Rolle gespielt. Über Jahre stritt man dort erbittert über die „Anerkennung der staatlichen Gewaltmonopols". Und ein einflussreicher Teil der Partei verstand sich lange als „Fundamentalopposition" gegen alle „etablierten Parteien". Waren also die Grünen der 1980er Jahre eine linkspopulistische Partei, solange die „Fundis" im Bundesverband das Sagen hatten?

Weil Populismus sich in einer in Dichotomien äußernden Abgrenzungshaltung zeige, sei nicht entscheidend, dass populistische Parteien mitunter ähnliche Forderungen stellen wie nicht-populistische Parteien, heißt es. Es komme vielmehr darauf an, dass sie dies in einem Gestus tun, in dem sich die Attitüde des Sich-Gemeinmachens und Sich-Abgrenzens widerspiegelt¹⁰.

Aus einer solchen Sicht spricht dann vieles dafür, die AfD als rechtspopulistische Kraft anzusehen. Tatsächlich verbinden sich in ihrer Programmatik eine Vielzahl von mehr oder weniger diskutablen Einzelforderungen mit Elementen fundamentaler Systemkritik. Freilich lässt sich in der Parteiengeschichte eine Vielzahl von Parteien finden, für die das in ähnlicher Weise zutraf oder zutrifft – rechts wie links. War die SPD im deutschen Kaiserreich eine linkspopulistische Partei, weil die Grenzen zwischen „innen" und „außen" hermetisch gedacht wurden und der Graben zwischen Arbeiterbewegung und der bürgerlichen Welt tatsächlich sehr tief war? Ist jedes Freund-Feind-Denken, dass in der Parteipolitik schon immer eine wichtige Rolle gespielt hat und von Carl Schmitt als der eigentliche Wesenszug des Politischen definiert wurde, „nur" ein Merkmal des Populismus?

---

9   Vgl. z. B. die öffentliche Skandalisierung der Äußerungen von Alexander Gauland zu Fußballnationalspieler Jerome Boateng aus einem Hintergrundgespräch mit der FAS. Tatsächlich konnte die wiedergegebene Äußerung, dass die Deutschen den Fußballer toll fänden, ihn aber nicht als Nachbarn wünschten, durchaus unterschiedlich interpretiert werden: Als (wohl eher falsche) Beschreibung eines soziologischen Sachverhalts ebenso wie als Ausdruck eines „rassistischen" Ressentiments. In der Öffentlichkeit aber setzte sich umgehend der Eindruck des „rassistischen" Ressentiments fest. Eindeutigere Beispiele für unangebrachte Skandalisierungen liefert Amann (2017), S. 226 u. 266ff.
10 Vgl. Lewandowsky (2016), S. 41

Wenn das gelten soll, wird freilich die Erklärungsreichweite des Begriffs fragwürdig. Denn lebt Politik nicht immer auch von Vereinfachungen? Bilden Vereinfachungen nicht geradezu die Voraussetzung für demokratische Politik, weil das Wesen demokratischer Politik nicht in Fachdiskursen von Ministerialbürokraten bestehen kann? Landet eine allzu strenge Verwendung des Populismus-Begriffs nicht schnell bei technizistischen Verkürzungen von Politik, die dann folgerichtig zu jenen Vorstellungen einer „Alternativlosigkeit" politischer Entscheidungen führen, die als vermeintliches Signum der Ära Merkel von vielen Seiten in den letzten Jahren kritisiert worden ist? Der Populismus-Begriff ist – auch in seiner Verwendung für die AfD – in vielerlei Hinsicht fragwürdig.

Weil ein großer Teil der öffentlichen Einschätzungen dieser Partei auf mehr oder weniger skandalisierungsträchtigen Äußerungen einzelner Repräsentanten der AfD beruht, stellt sich darüber hinaus die Frage, wie charakteristisch solche Interventionen für die Partei insgesamt eigentlich sind. Sicher sind sie zu häufig, um als Entgleisungen von Einzelnen abgetan werden zu können. Demnach können sie bei der Analyse der Partei nicht einfach ausgeblendet werden. Andererseits aber kann es sozialwissenschaftlich nicht ausreichen, die politische Verortung der drittstärksten Bundestagspartei allein an der Anzahl skandalisierungsfähiger Statements festzumachen.

Aus den Programmen der AfD ist ein rechtsradikaler Charakter der Partei kaum zu belegen. Nimmt man ihr Bundestagswahlprogramm zum Maßstab, dann handelt es sich eher um eine konservative oder national-konservative Partei mit populistischen Zügen. Die Finanzpolitik der EZB wird hier ebenso kritisiert wie die Finanzierung wirtschaftlich schwächerer EU-Staaten durch Deutschland. Die AfD will die Wiedereinführung der Wehrpflicht und lehnt Auslandseinsätze der Bundeswehr ebenso ab wie die Boykottpolitik gegenüber Russland. Um die weitere Zuwanderung von wenig gebildeten jungen Männern in die deutschen Sozialsysteme zu verhindern, müssten die Grenzen geschlossen werden. Abschiebungen seien zu beschleunigen, geduldete Asylbewerber vorrangig mit Sachleistungen auszustatten. Zur Verbesserung der Inneren Sicherheit müsse die Strafmündigkeit herabgesetzt, der Polizeidienst ausgebaut und müssten schwerkriminelle Bürger mit Migrationshintergrund ausgebürgert werden können. Der Islam gehört nach Ansicht der AfD nicht zu Deutschland. Er stelle eine Gefahr für die Bevölkerung und die christliche Werteordnung unseres Landes dar. Minarette und den Ruf des Muezzin lehnt man für Deutschland ab, Burka und Niqab sollen verboten werden. Zugleich strebt die AfD eine neue Form der Familienförderung an, u. a. durch ein Kinderbegrüßungsgeld. Sie stellt sich gegen die „Abwertung der Familie", die sie mit deren Gleichstellung mit anderen Lebensgemeinschaften verbunden sieht. Die „Gender-Ideologie" wird ausdrücklich zurückgewiesen. Multikulturalismus ist aus

2 Wie rechts ist die AfD?

ihrer Sicht abzulehnen. Vielmehr müsse eine „deutsche Leitkultur" maßgeblich sein für das Zusammenleben in Deutschland[11].

Aus solchen Programmen spricht ein konservativer, z. T. sehr konservativer Geist, der gesellschaftspolitisch Vieles zurückdrehen möchte, was unter dem Einfluss libertär-ökologischer Strömungen an Fundamentalliberalisierung der Gesellschaft in den letzten Jahrzehnten eingetreten ist. An manchen Stellen ist dieser konservative Geist auch stark national eingefärbt. Die Partei wünscht sich die größere ethnische Homogenität früherer Jahrzehnte zurück und sieht Kultur und Lebensweise der Deutschen durch Masseneinwanderung aus anderen Kulturkreisen bedroht. Hinzu kommt das populistische Grundmuster des einfachen Gegensatzes zwischen dem guten Volk und den bösen Eliten, was dann zu Forderungen wie der Einführung von Volksabstimmungen nach Schweizer Vorbild führt.

Diese Vorstellungen mag man kritisieren oder schrecklich finden. Man kann aus ihnen auch auf eine „Rückwärtsgewandtheit" der Partei schließen. Man kann ihr vorwerfen, die Fragen von morgen mit den Vorstellungen von gestern und vorgestern beantworten zu wollen. Man kann sie für ganz und gar ungeeignet halten, einen relevanten Beitrag zur politischen Zukunftsgestaltung in Deutschland leisten zu können. Allein: Rechtsradikal, gar neonazistisch, sind diese Vorstellungen deshalb erst einmal nicht. „Völkisches", Deutschtümelndes, gar Antisemitisches, findet sich in der offiziellen Programmatik der AfD kaum. Sicher gab und gibt es immer wieder öffentliche Einlassungen etwa der thüringischen Landeschefs Björn Höcke oder auch des früheren Magdeburger Fraktionsvorsitzenden André Poggenburg, die man als völkisch-national qualifizieren muss. Erst vor kurzem hat André Poggenburg wieder mit Ausfällen gegen Türken („Kümmelhändler") von sich reden gemacht. Doch in den bundesweiten Programmen schlägt sich das so jedenfalls nicht oder allenfalls am Rande nieder.

Deshalb hinterlässt das Studium eines nicht unerheblichen Teils der publizistischen und wissenschaftlichen Auseinandersetzung mit der AfD den wissenschaftlich wenig befriedigenden Eindruck einer pejorativen und moralisierenden Überladung der zur Charakterisierung ihres politischen Standorts verwendeten Begriffe. Im politischen Tageskampf mag das hinzunehmen sein. Wer führende deutsche Politiker als „Volksverräter" tituliert, muss damit rechnen, dass mit gleicher Münze „zurückgekeilt" wird. Eine sozialwissenschaftliche Analyse aber ist nicht Teil dieses politischen Tageskampfes. Sie hat nicht moralische Wert- oder besser

---

11 Vgl. das Wahlprogramm der AfD zur Bundestagswahl 2017, verabschiedet am 22./23.4.2017, zit. nach Alternative für Deutschland (Hrsg.), Programm für die Wahl zum Deutschen Bundestag am 24. September 2017, online unter: https://www.alternativefuer.de

Unwerturteile abzugeben, sondern eine möglichst exakte Begriffsbestimmung anhand nachvollziehbarer Kriterien zu leisten. Das wird dadurch erschwert, weil von einer Diskrepanz zwischen einem vergleichsweise gemäßigt angelegten, eher konservativen politisch-programmatischen Standort der Partei einerseits und einer Neigung beträchtlicher Teile ihrer maßgeblichen Sprecher, in öffentlichen Äußerungen immer wieder Grenzen zu völkisch-rassistischem Gedankengut zu überschreiten, andererseits ausgegangen werden muss.

Inwieweit diese Diskrepanz absichtsvoll inszeniert oder zumindest auch das Ergebnis der Konfrontation der Parteirepräsentanten mit einer ihnen ganz überwiegend feindlich gegenüberstehenden Öffentlichkeit mit besonders hoher Skandalisierungsneigung ist, kann hier nicht näher beleuchtet werden. „Jede Partei passt sich irgendwann ihrem eigenen falschen Bild in der Berichterstattung an", meint der frühere Chef der ersten deutschen Anti-Euro-Partei „Bund freier Bürger", Manfred Brunner[12].

Ob die Repräsentanten der AfD im Kampf um die politischen Begriffe die Grenzen des „Sagbaren" immer weiter nach rechts verschieben wollen oder manche Protagonisten der Partei eher in eine Art öffentliche Skandalisierungsfalle geraten, die andere aufgestellt haben, ist so einfach nicht zu entscheiden. Wahrscheinlich gibt es beides. Umso wichtiger aber für die Analyse der Partei sind genauere Kenntnisse darüber, wie die Mitgliedschaft in ihrer Breite tatsächlich denkt. Welche Basis rassistische Ressentiments und geschichtsrevisionistische Weltbilder in der AfD-Mitgliedschaft tatsächlich haben, kann nicht unerheblich sein für die Analyse dieser Partei.

Manches spricht dafür, dass sich der Begriff des „Rechtspopulismus" auch deshalb durchgesetzt hat, weil er semantisch irgendwo in der Mitte zwischen „nationalkonservativ" und „rechtsradikal" konnotiert werden kann. Immerhin suggeriert er, dass die AfD zwar nicht einfach als rechtsradikale Partei wie Republikaner oder gar die NPD betrachtet werden, gleichwohl aber auch nicht als normale demokratische Partei rechts von der Union gelten könne.

Daran ist so viel richtig, dass sich im politischen Auftreten der Partei neben konservativen Positionen auch rechtsradikale Einflüsse nicht übersehen lassen. Netzwerke der „neuen Rechten" versuchen, in der Partei Einfluss zu gewinnen. Wie erfolgreich sie dabei wirklich sind, wird freilich kaum genauer geklärt. Herangezogen werden dazu oft Hinweise auf die persönliche Freundschaft zwischen

---

12 zit. nach Amann (2017), S. 225

2 Wie rechts ist die AfD?

Björn Höcke und Götz Kubitschek, der mit seinem „Institut für Staatspolitik" als Vordenker der „neuen Rechten" gilt[13].

In der Literatur taucht immer wieder auch der baden-württembergische Landtagsabgeordnete Gedeon auf, der freilich auch in der AfD vielen als „Wirrkopf" gilt. So skandalös es ist, wenn ein Landtagsabgeordneter aus Baden-Württemberg die üble Erfindung des zaristischen Geheimdienstes über die „Weisen von Zion" in seinen Publikationen für bare Münze hält und im Judentum den „inneren Feind des Abendlandes" erblickt, so beweist das noch nicht, dass in der AfD viele so denken.

Beim Erfolg des Begriffs „Rechtspopulismus" kommt hinzu, dass er hilfreich scheint, um die AfD in den größeren Kontext der neuen Rechtsparteien in Europa einzuordnen. Tatsächlich hat sich die Partei nach anfänglich betonter Distanz zum französischen „Front National" der internationalen neuen Rechten immer stärker angenähert.

Erscheint der Begriff des Rechtspopulismus trotz seiner Tücken und Unschärfen im Kontext der AfD noch einigermaßen begründbar, so muss der Umgang mit Terminologien wie „rechtsextrem", „rassistisch" oder gar „neonazistisch" mindestens als leichtfertig bezeichnet werden. Für eine Verortung der AfD in der Tradition des deutschen Nationalsozialismus sind bis heute praktisch keine Belege geliefert worden. Wer die Fundamentalkritik der AfD an der Asyl- und Zuwanderungspolitik der Bundesregierung oder die Ausfälle einzelner Repräsentanten gegen Flüchtlinge in diesen Kategorien interpretiert, läuft intellektuell eher Gefahr, zu einer Verharmlosung des rassistischen Vernichtungs- und Ausrottungswahns der Nationalsozialisten beizutragen. Dass Frauke Petry vor einigen Jahren den Begriff des „Völkischen" rehabilitieren wollte, spricht zwar für eine erstaunliche Unkenntnis der Rolle dieses Begriffs in der jüngeren deutschen Geschichte. Die Sprache von „Mein Kampf" findet man deshalb in der AfD aber noch lange nicht.

Auch in diesem Zusammenhang wird immer wieder auf die Auftritte des thüringischen Fraktionschefs Björn Höcke verwiesen. Doch selbst seine zu Recht immer wieder heftig kritisierte Rede zur deutschen Erinnerungskultur („Denkmal der Schande") erinnert eher an die Tradition des „Stahlhelm" und der deutschnationalen Propaganda gegen die Weimarer Republik als an die NSDAP. Neonazistisch – das wäre offener, „rassisch" begründeter Antisemitismus bis hin zur Anzweiflung der menschlichen Daseinsberechtigung einer bestimmten ethnischen Gruppe. Ein Weltherrschaftsanspruch der „arischen Rasse" lässt sich nicht einmal aus den Reden von Björn Höcke herauslesen.

Wenn der Begriff „Rassismus" Hetze gegen eine bestimmte ethnische Gruppe bedeuten soll, die aufgrund ethnischer Spezifika systematisch abgewertet wird,

---

13 Vgl. Ebd., S. 144ff. Zu Kubitschek vgl. auch das Portrait bei Bender (2017), S. 87ff.

bleiben die dafür vorgebrachten Belege meistens eher dürftig. Häufiger wird Höckes Rede über die „phylogenetischen Reproduktionsstrategien" der Afrikaner im „Institut für Staatspolitik" 2015 als Beleg herangezogen. Sie stieß freilich seinerzeit auch innerhalb der AfD auf heftige Kritik[14].

Damit soll nicht bestritten werden, dass solche pauschalen Abwertungen von Minderheiten tatsächlich stattfinden. Die zitierten Tweeds von Frau von Storch und Frau Weidel zum Jahreswechsel lassen sich kaum als einfache polemische Meinungsäußerung qualifizieren. Erst recht gilt dies für die Äußerungen („Halbneger") des MdB Maier zu Noah Becker, dem Sohn des Ex-Tennisspielers[15]. Manche Repräsentanten der AfD changieren auch gerne mit vieldeutig interpretierbaren Äußerungen. Aber das rechtfertigt noch nicht die entsprechende Charakterisierung einer ganzen Partei. Auch eine scharfe und zugespitzte Kritik der deutschen Einwanderungspolitik macht die Kritiker nicht automatisch zu Rassisten. Man höre sich dazu nur einmal die Reden führender Unionspolitiker über die „Scheinasylanten" aus den Jahren 1992/93 an. Waren das alles Rassisten?

Ob es überhaupt Sinn macht, die AfD allein oder überwiegend in der historischen Kontinuität des Rechtsradikalismus zu interpretieren oder nicht viel mehr dafür spricht, in ihr eine Art Gegenbewegung gegen den ökologisch-libertär-multikulturalistischen Zeitgeist zu erkennen, wie er im deutschen Parteiensystem am stärksten von den Grünen repräsentiert wird, kann jedenfalls trotz der unbestreitbaren Einflüsse aus rechtsradikalen Kreisen durchaus bezweifelt werden.

Insgesamt kommt man an dem Eindruck nicht vorbei, dass in der publizistischen wie der wissenschaftlichen Auseinandersetzung mit diesem für die Bundesrepublik neuen parteipolitischen Phänomen ein Übermaß an moralisierenden Unwerturteilen dominiert, die nicht immer überzeugend begründet sind. Manchmal scheint es, als wenn der viel zitierte Satz von Franz-Josef Strauß, nach dem es rechts von der Union keine demokratisch legitimierte Partei geben dürfe, nicht als politische Kampfparole verstanden würde, sondern als erkenntnisleitendes Dogma: Wenn eine Partei rechts von der Union auftaucht, kann sie gar nichts anderes sein als rechtsradikal.

Dass nach der Erfahrung des verbrecherischen NS-Regimes in Deutschland die Sensibilität gegenüber politischen Einstellungen und Positionen, die als weit „rechts" zu qualifizieren sind, besonders groß ist, hält der Verfasser für eine Errungenschaft. Die Bundesrepublik hat lange Jahrzehnte gebraucht, um dahin zu kommen. Und das ist auch gut so.

---

14 Amann (2017), S. 200
15 FAZ vom 5.1.2018

Das kann aber nicht bedeuten, einer undifferenzierten und ausufernden Verwendung des „Nazi"-Etiketts Vorschub zu leisten. Dass es eine überwiegend demokratische Rechte geben könnte, deren politische Vorstellungen stärker nationalkonservativ eingefärbt sind, die mit der Pluralität der heutigen Gesellschaft ihre Schwierigkeiten hat und sich Eindeutigkeit zurückwünscht, ist jedenfalls nicht von vornherein auszuschließen. Den Vorhalt, genau dies zu tun und den verwendeten Begriffsapparat so zusammenzuzimmern, dass am Ende tautologisch immer das Gewünschte herauskommt, wird man manchen öffentlichen Äußerungen nicht ersparen können.

Eine kurze Geschichte der AfD 3

Als Gründungstermin der AfD gilt der 6. Februar 2013. An diesem Tag trafen sich Sprecherrat und Landesbeauftragte des im Herbst 2012 vor allem aus Merkel-Kritikern innerhalb der CDU entstandenen Vereins „Wahlalternative 2013" in Oberursel und beschlossen eine formelle Parteigründung. Sie legten eine Satzung und die Struktur des Bundesvorstands fest, verabschiedeten ein provisorisches Programm, einigten sich über den Parteinamen und legten den 14. April als Termin für den Gründungsparteitag fest[16].

In dieser Wahlalternative versammelten sich zahlreiche Kritiker der Euro- und Europapolitik der Bundesregierung. Zu ihnen zählten auch etliche bekanntere ehemalige Unionspolitiker, so das Bundesvorstandsmitglied der CDU-Mittelstandsvereinigung, Gerd Robanus, und der frühere Chef der hessischen Staatskanzlei, Herausgeber und Geschäftsführer der „Märkischen Allgemeinen Zeitung" in Potsdam, Alexander Gauland. Dabei waren auch der frühere FAZ-Journalist Konrad Adam und der Hamburger Hochschullehrer Bernd Lucke. Schon bald erhielt die „Wahlalternative" prominenten Zulauf. Dazu stießen z. B. der frühere Chef des Bundesverbands der Deutschen Industrie, Olaf Henkel, der Staatsrechtler Albrecht Schatzschneider und der Ökonom und langjährige Euro-Kritiker Joachim Starbatty[17].

Der Verein hatte zunächst auf eine Zusammenarbeit mit den Freien Wählern gesetzt. Entsprechend kandidierten Konrad Adam und Bernd Lucke im Januar 2013 auf der Liste der Freien Wähler für den niedersächsischen Landtag. Nachdem der Ausgang der Landtagswahl mit 1,1 % der Stimmen für die Freien Wähler überaus enttäuschend ausgefallen war, hatte noch im Januar ein Treffen des Vereins in Hannover stattgefunden. Unter den 40 Teilnehmern war auch Frauke Petry[18]. Ge-

---

16 Amann (2017), S. 59ff.
17 Ebd.; Vgl. auch z. B. Zück/ Küpper (2015), S. 110 und Speit (2016), S. 29ff.
18 Amann (2017), S. 51

© Springer Fachmedien Wiesbaden GmbH, ein Teil von Springer Nature 2018
H. Kleinert, *Die AfD und ihre Mitglieder*,
https://doi.org/10.1007/978-3-658-21716-7_3

gen die anfänglichen Bedenken Luckes votierte eine klare Mehrheit für den Weg einer eigenen Parteigründung. Vor allem Lucke aber war es dann, der die Dinge vorantrieb und nach Oberursel einlud.

Schon der Name, auf den man sich in dem evangelischen Gemeindezentrum an der Peripherie Frankfurts geeinigt hatte, verrät, dass die eigentliche Geburtsstunde der AfD bereits auf das Jahr 2010 zu datieren ist. Nachdem Angela Merkel auf dem EU-Gipfel am 25. März 2010 entgegen früherer Einlassungen dem ersten Griechenland-Rettungspaket zugestimmt hatte, war sie in Erklärungsnöte geraten und hatte davon gesprochen, dass diese Entscheidung „alternativlos" gewesen sei.

Das hatte zahlreiche Ökonomen auf den Plan gerufen, die die jetzt begonnene Euro-Rettungspolitik keineswegs alternativlos fanden und auf das EU-Recht verwiesen, die eine Verantwortungsübernahme für die Schuldenpolitik anderer Mitgliedsländer eigentlich verbot. Der Kreis dieser Kritiker aus der Wissenschaft bildete schon im Herbst 2010 das „Plenum der Ökonomen", in dem sich Wirtschaftswissenschaftler zusammenfanden, die sich gegen die Euro-Politik aussprachen. Daraus entstand 2012 die überparteiliche Sammlungsbewegung „Bündnis Bürgerwille". Auch hier spielte Bernd Lucke eine zentrale Rolle. Mit dabei war auch Beatrix von Storch, die früher einmal der FDP angehört hatte.

Ebenfalls 2010 signalisierte der gegen den Mainstream der öffentlichen Meinung, der Feuilletons und der etablierten Politik erzielte, fast sensationelle Bucherfolg des ehemaligen Staatssekretärs und Berliner Finanzsenators Thilo Sarrazin mit dem Titel „Deutschland schafft sich ab", dass der Autor mit seiner Kritik an den durch Massenzuwanderung aus anderen Kulturen ausgelösten Veränderungen in Deutschland einen Nerv getroffen hatte. Allein zwischen August und Dezember 2010 konnte die DVA 1,2 Millionen Exemplare verkaufen. Bald vermeldeten Demoskopen, dass sich 18 % der Deutschen vorstellen könnten, eine „Sarrazin-Partei" zu wählen. Gar 24 % der Berliner wünschten sich eine „gegen den Islam gerichtete Partei"[19]. Sarrazin selbst spricht von „zehntausenden von Briefen", die ihn erreicht hätten – fast alle zustimmend[20].

Auch Parteigründer Lucke suchte den Kontakt zum Berliner Erfolgsautor. Noch vor dem Gründungsparteitag trug er Sarrazin eine wichtige Rolle in der neuen Partei an. Doch der lehnte ab. Er wolle Sozialdemokrat bleiben[21].

Bereits in den wenigen Wochen bis zum Gründungsparteitag in Berlin am 13./14. April 2013 traten 7000 Menschen in die neue Partei ein. 1300 kamen schließlich in die Hauptstadt und wählten Bernd Lucke, Frauke Petry und Konrad Adam zu

---

19 Ebd., S. 29
20 Ebd., S. 27
21 Ebd., S. 30/31

3 Eine kurze Geschichte der AfD

Sprechern der neuen Partei; Lucke erhielt dabei 96 % der Stimmen. Zu einem der stellvertretenden Parteisprecher wurde Alexander Gauland gewählt. In seiner Eröffnungsrede hatte Konrad Adam den Parteifreunden geraten, das Etikett „Populist" als Auszeichnung zu betrachten[22].

Schon wenige Wochen nach ihrer Gründung konnte die AfD einen beträchtlichen Mitgliederzustrom vermelden. Bereits im Frühjahr 2013 hatten sich über 10.000 Menschen dort organisiert. Die große mediale Aufmerksamkeit, die der Gründungsprozess fand, war dabei hilfreich.

Sie sorgte freilich auch schon bald für Probleme. Sorgfältig wurde in der Öffentlichkeit nach Kontakten und Berührungspunkten mit der rechten Szene gesucht. Als frühere Kontakte eines Bundestagskandidaten zur radikalen Rechten bekannt wurden, erklärte die AfD, dass alle Aufnahmeanträge sorgfältig geprüft würden und ehemaligen Mitgliedern von DVU und NPD die Aufnahme verweigert werde[23].

Innerhalb weniger Wochen gelang es der Partei, die organisatorischen und finanziellen Voraussetzungen für ihre Teilnahme an den Bundestagswahlen zu schaffen. Auch die für die Zulassung erforderlichen Unterschriften konnten gesammelt werden.

Im Bundestagswahlkampf sah sich die AfD heftigen, z. T. auch handgreiflichen Angriffen ausgesetzt. Besonders Parteisprecher Lucke bekam es mit Attacken aus der „autonomen Szene" zu tun. Angriffe auf Wahlstände der Partei waren keine seltenen Ausnahmen. Der Verdacht, dass sich hier eine neue ganz rechte Partei formiere, war bereits weit verbreitet.

Bei den Wahlen am 22. September 2013 trat die AfD in allen Bundesländern mit Wahllisten an. In 153 der 299 Wahlkreise konnte sie auch Direktkandidaten aufbieten.

Mit 2,05 Millionen Wählerstimmen und einem Wähleranteil von 4,7 % verfehlte die neue Partei den Einzug in den Bundestag nur knapp. Dabei schnitt die Partei im Osten deutlich besser ab als in den Ländern der alten Bundesrepublik. Das beste Landesergebnis konnte sie mit 6,8 % in Sachsen erreichen. Auch in Thüringen und Brandenburg gaben mehr als 6 % der Wähler der AfD ihre Stimmen[24].

Die Programmatik der Partei wurde zu dieser Zeit von der Kritik an der Euro-Rettungspolitik bestimmt. Zwar spielten auch migrationskritische und gegen

---

22 Speit (2016), S. 31
23 Amann (2017), S. 123
24 Vgl. Der Bundeswahlleiter, Bundestagswahl 2013 – Ergebnisse in den Ländern, online https://www.bundeswahlleiter.de/bundestagswahlen/2013/ergebnisse/html, Zugriff am 12.2.2018

den Einfluss des Islam gerichtete Töne eine Rolle. Doch im Vordergrund standen die europapolitischen Fragen und die Kritik an der Regierung Merkel. Im Herbst 2013 hatte die AfD einen Bestand von 17.000 Mitgliedern erreicht. Gleichzeitig sorgte ihr relativer Wahlerfolg dafür, dass sich jetzt die Sogwirkung in der rechten Szene verstärkte. Die bei den Wahlen erfolglose Anti-Islam-Partei „Die Freiheit" ließ verlauten, dass sie zugunsten der AfD auf eine künftige Beteiligung an überregionalen Wahlen verzichten würde. Als Parteichef Lucke daraufhin die Abgrenzung suchte und erklärte, dass fremdenfeindliche und islamophobe Kräfte in der AfD nicht gewünscht seien und der Weg zur Aufnahme in die AfD nur über protokollierte Einzelgespräche möglich sei, deren Ergebnis von den Landesvorständen zu bewerten sei, kam es zu ersten Konflikten über die Haltung zum Islam. Dies veranlasste Lucke zu einem Grundsatzpapier, in dem er zwar die Äußerung des ehemaligen Bundespräsidenten Wulf, der Islam gehöre zu Deutschland, zurückwies, zugleich aber herausstellte, dass er Islamfeindlichkeit in seiner Partei ablehne[25].

Im Vorfeld der Europawahlen 2014 kam es zu Auseinandersetzungen über das Verhältnis der AfD zu anderen „rechtspopulistischen" Parteien in Europa. Während einige AfD-Politiker aus den Ländern Kontakte zur britischen UKIP und ihrem damaligen Chef Nigel Farage suchten, war der Bundesvorstand davon gar nicht begeistert. Er bestand auf einer Abgrenzung von diesen Parteien. Das galt auch für den französischen Front National und die „Freiheitspartei" des Niederländers Geert Wilders[26].

Intern bekam die Partei neben der Abgrenzung von der ganz rechten Szene jetzt auch mit anderen Problemen zu tun, die keineswegs nur politische Meinungsverschiedenheiten zur Grundlage hatten. In einigen Landesverbänden kam es wiederholt zu internen Grabenkämpfen. Mitunter wurden sogar die ordentlichen Gerichte bemüht, um über die Gültigkeit von parteiinternen Wahlen, Einladungen und Protokollen zu befinden. Immer wieder war es dabei der hessische Landesverband, der durch personelle Querelen auffiel. Mehrfach konnte eine Spaltung dort nur mit Mühe verhindert werden[27]. Gleichwohl gelang der AfD die Einrichtung einer Bundesgeschäftsstelle und der Ausbau ihres Apparates.

Im Januar 2014 wurde Bernd Lucke zum Spitzenkandidat für die Europawahlen gewählt. Auf dem nächsten Listenplatz folgte Hans-Olaf Henkel. Auch Beatrix von Storch und Joachim Starbatty sowie Markus Pretzell wurden für aussichtsreiche Plätze nominiert.

---

25 Amann (2017), S. 136; vgl. auch Krautkrämer (2014), S. 58f.
26 Krautkrämer (2014), S. 60
27 Ebd., S. 62f.

3 Eine kurze Geschichte der AfD

Im Mittelpunkt des Wahlkampfs standen die Kritik an der Brüsseler Euro-Politik, die Verteidigung der „nationalen Souveränität" und die Abwehr der Einwanderung „in die deutschen Sozialsysteme". Ohne Zustimmung der Bürger sei ein „bürgerferner Kunststaat" entstanden, „der auf Vertrags- und Rechtsbrüche" zurückgehe. Die mit der Euro-Rettungspolitik verbundene „schleichende Enteignung von Sparern" und „ungerechte(n) Belastung von Steuerzahlern der ökonomische stabileren Staaten" führe zu einer steigenden Ablehnung der EU durch die Bürger[28].

Im Wahlkampf, in dem vor allem Bernd Lucke als das Gesicht der AfD in Erscheinung trat, war die Partei mit z. T. heftigen Attacken konfrontiert, die vor allem aus der linksextremen Szene kamen.

Nachdem das Bundesverfassungsgericht die Fünf-Prozent-Hürde für die Europawahlen aufgehoben hatte, stand der Einzug von AfD-Kandidaten ins Europäische Parlament bereits vor dem Wahlsonntag fest. Erwartet wurde freilich diesmal auch, dass die Partei ein Ergebnis von deutlich über fünf Prozent erreichen würde. Dies gelang ihr dann auch. Mit 7,1 % konnte die AfD sieben Abgeordnete nach Brüssel und Straßburg entsenden. Allerdings war sie nur zur fünftstärksten Partei in Deutschland geworden. Grüne und Linke hatten höhere Stimmenanteile erreicht[29].

Die AfD-Abgeordneten wollten eine Kooperation mit Parteien wie der UKIP oder dem Front National in Brüssel vermeiden und strebten deshalb die Mitgliedschaft in der Fraktion der europäischen Konservativen an, zu der auch die Abgeordneten der britischen Tories gehören. Sie hatten eine weitere Mitarbeit in der Fraktion der Christdemokraten und europäischen Volksparteien abgelehnt. Die Aufnahme der AfD-Abgeordneten sorgte jetzt für einige Konflikte. Obwohl sich der britische Premierminister David Cameron gegen jede Kooperation seiner Partei mit den deutschen AfD-Abgeordneten ausgesprochen hatte, entschied sich eine Mehrheit der Fraktion der europäischen Konservativen in geheimer Abstimmung schließlich doch, die AfD-Abgeordneten aufzunehmen[30].

Im Herbst 2014 bestätigten Wahlerfolge der AfD bei den Landtagswahlen in drei östlichen Bundesländern den Aufwärtstrend der Partei. In Sachsen wurden 9,7 %, in Thüringen 10,6 % der Stimmen erreicht. In Brandenburg kam die AfD unter Führung von Alexander Gauland sogar auf einen Wähleranteil von 12,2 %. Gauland hatte gezielt auch um Stimmen der Anhänger der Linkspartei geworben, seine Ablehnung der Sanktionspolitik der EU gegenüber Russland herausgestellt

---

28 Alternative für Deutschland (Hrsg.), Mut zu Deutschland – Das Programm der AfD zur Europawahl 2014, Berlin 2014
29 Der Bundeswahlleiter, Europawahl 2014 – Ergebnisse, online unter https://www.bundeswahlleiter.de/europawahlen/2014/ergebnisse.html, Zugriff am 12.2.2018
30 Vgl. Krautkrämer (2014), S. 91ff.

und dies mit seiner Kritik am Freihandelsabkommen TTIP verbunden. „Trotz mancher Meinungsverschiedenheiten verbindet uns manches", wandte er sich an die Linkspartei-Wähler: „Wir mögen keine amerikanische Dominanz und schon gar kein Freihandelsabkommen, das unsere ökologischen und Sozialstandards unterläuft"[31].

Bei dieser Ablehnung des TTIP-Abkommens konnte sich Gauland der breiten Unterstützung in seiner Partei sicher sein. Während Bernd Lucke weiterhin das Bild der AfD in den Medien bestimmte, votierte seine Partei beim Erfurter Parteitag mit großer Mehrheit gegen den Vertrag. Lucke, der im transatlantischen Freihandelsabkommen mehr Vor- als Nachteile sah, hatte mit seiner Gegenposition keine Chance.

Die Wahlerfolge in Ostdeutschland, die Differenzen zwischen „nationalkonservativen" und „nationalliberalen" Positionen und der bald sichtbare Zulauf zu der von Dresden ausgehenden Protestbewegung PEGIDA („Patriotische Europäer gegen die Europäisierung des Abendlandes") sorgten bald für eine Zuspitzung der innerparteilichen Konflikte. Hinzu kamen Rivalitäten vor allem zwischen Lucke und Frauke Petry um die Führung.

Lucke räumte im Oktober 2014 gegenüber der Presse erstmals ein, dass die Partei ein Problem mit der Abgrenzung nach rechts habe und warnte in einem Mitgliederrundbrief vor einem „Schulterschluss mit Rechtsradikalen"[32]. Dennoch wurde jetzt die Abgrenzung von Ausländerfeindlichkeit, Rassismus und Rechtsextremismus immer wieder zum Zankapfel. Hinzu traten Konflikte wegen der Haltung der AfD zum Ukraine-Konflikt und der Sanktionspolitik der EU gegenüber Russland. Während Olaf Henkel vor den „Russlandverstehern" in seiner Partei warnte und gemeinsam mit Bernd Lucke im Europaparlament die Sanktionspolitik gegenüber Russland unterstützte, wandte sich Alexander Gauland dagegen und warf Henkel vor, er wolle eine Partei, die „die Werte von CDU und FDP vertritt"; das aber werde mit der AfD nicht gehen[33].

Auch auf das Anwachsen der PEGIDA-Bewegung Ende 2014 kam es zu unterschiedlichen Reaktionen. Während Hans-Olaf Henkel die Mitglieder vor einer Beteiligung an diesen Demonstrationen warnte, weil nicht auszuschließen sei, dass die Proteste einen „ausländerfeindlichen oder gar rassistischen Beigeschmack bekommen" könnten und Lucke eine Kooperation ausdrücklich ausschloss, besuchte Alexander Gauland mit anderen brandenburgischen Abgeordnetenkollegen demonstrativ eine PEGIDA-Kundgebung mit 15.000 Teilnehmern im Dezember.

---

31 Amann (2017), S. 72
32 Vgl. Korsch (2016), S. 115
33 Speit (2016), S. 49

Im Anschluss erklärte er, keine Rechtsradikalen ausgemacht zu haben, sondern „Bürger, die auf die Straße gehen aus Sorge um Entwicklungen in Deutschland"[34]. Am 7. Januar 2015 kam es auf Einladung von Frauke Petry, die inzwischen auch Vorsitzende der AfD-Fraktion im sächsischen Landtag war, zu einem offiziellen Gesprächstermin mit dem Sprecherkreis von PEGIDA[35]. Eine weitere Annäherung ergab sich daraus jedoch nicht. Im Gegenteil sorgten die Auseinandersetzungen um die Person des Dresdner PEGIDA-Organisators Bachmann für eine Distanzierung. Bachmann habe „die Bewegung kaputtgemacht", erklärte Gauland Anfang 2015. Auch der thüringische AfD-Landesverband empfahl nach der Ausdehnung der PEGIDA-Bewegung auf andere Städte seinen Mitgliedern größere Distanz. Es sei inzwischen nur noch schwer zu durchschauen, wer solche Veranstaltungen organisiere. Die AfD-Landessprecher von Hessen und Rheinland-Pfalz distanzierten sich von „Pegida Rhein-Main"[36].

Die Abgrenzung von rechtsradikalen und rassistischen Strömungen sorgte aber weiter für Zündstoff. Nachdem Götz Kubitschek, der bei Veranstaltungen von PEGIDA und ihrem Leipziger Ableger „Legida" in Erscheinung getreten war, zusammen mit seiner Frau Ellen Kositza einen Aufnahmeantrag in die AfD gestellt hatte, machte der Bundesvorstand von seiner Möglichkeit Gebrauch, den Beitritt der beiden abzulehnen.

Daraufhin solidarisierte sich die „Patriotische Plattform" in der AfD mit Kubitschek. Während dieser bald Abstand von seinem Beitrittswunsch nahm, entwarfen Protagonisten vom nationalkonservativen AfD-Flügel im März 2015 eine „Erfurter Resolution", in der der Bundesvorstand für seine politische Linie heftig kritisiert wurde. Die Idee dazu soll auf Götz Kubitschek zurückgehen (vgl. unten). Im Text hieß es, die Partei habe sich von „bürgerlichen Protestbewegungen ferngehalten und in vorauseilendem Gehorsam sogar distanziert", obwohl sich „tausende AfD-Mitglieder als Mitdemonstranten oder Sympathisanten an diesen Aufbrüchen beteiligen". Die AfD sei ein Gefahr, den Vertrauensvorschuss ihrer Wähler zu verspielen. Sie orientiere sich ängstlich an dem, was die etablierten Institutionen ihr als Spielraum zuwiesen, statt diesen selbstbewusst selbst zu definieren. Die „Enttäuschung über das fehlende Bekenntnis der AfD zu einer grundsätzlichen politischen Wende in Deutschland ist in allen Landesverbänden (und vor allem im Osten) mit Händen zu greifen"[37].

---

34 Korsch (2016), S. 118
35 Ebd., S. 119
36 Ebd., S. 121
37 Ebd., S. 124; vgl. auch die Erfurter Erklärung, online auf: https://www.derfluegel.de/2015/03/14/die-erfurter-resolution-wortlaut, Zugriff am 26.1.2018

Zu den Erstunterzeichnern dieser Erklärung zählten mit Alexander Gauland, Björn Höcke und André Poggenburg die AfD-Landeschefs von Brandenburg, Thüringen und Sachsen-Anhalt.

Die Auseinandersetzung um den politischen Standort und das öffentliche Auftreten verband sich eng mit dem schon 2014 begonnenen Streit um die Parteisatzung. Der Vorschlag von Bernd Lucke, der an die Stelle von drei Parteisprechern künftig nur noch einen Parteivorsitzenden vorsah, stieß innerparteilich auf heftigen Gegenwind. Lucke sah in dieser Satzungsreform eine entscheidende Bedingung dafür, um die Gefahren chaotischer innerparteilicher Entwicklungen begrenzen und die nötige Abgrenzung nach Rechtsaußen gewährleisten zu können.

Da diese Satzung die Macht des Parteivorsitzenden beträchtlich stärkte und davon auszugehen war, dass Lucke diese Position für sich selbst vorsah, musste das auch bei seinen Vorstandskollegen zu Problemen führen. Dies galt in Sonderheit für seine Sprecherkollegin Frau Petry. So entstand eine Gemengelage, in der inhaltliche Differenzen zwischen Nationalkonservativen mit großer Offenheit nach rechts und dem eher nationalliberalen Lucke-Lager sich mit Rivalitäten und Animositäten verbanden, die mit Luckes vermeintlicher Neigung zu Alleingängen und einem „autoritären Führungsstil" zu tun hatten.

So gelang es Lucke zwar mit einiger Mühe, auf dem Bremer AfD-Parteitag Anfang 2015 die nötige Zweidrittelmehrheit für seinen Satzungsentwurf zu bekommen. Danach sollten im Sommer 2015 nur noch zwei Parteisprecher gewählt werden, wobei einer für die Rolle des „ersten Parteisprechers" vorgesehen war. Doch dieser Erfolg erwies sich für ihn schon bald als Pyrrhussieg. Der Machtkampf hatte auch ihn bereits zu sehr beschädigt[38].

Beim Sturz des Parteigründers Lucke spielte die „Erfurter Erklärung" eine entscheidende Rolle. In einem Gespräch mit Björn Höcke war Bernd Lucke bei seiner Weigerung geblieben, Vertreter des rechten Parteiflügels im Bundesvorstand zu akzeptieren. Daraufhin entstand die Idee zu einer „rechten Sammlungsbewegung" innerhalb der AfD. Angeblich soll sie von Götz Kubitschek selbst stammen, dessen Parteieintritt gerade von Lucke gestoppt worden war. Ein Manifest sollte her, über das sich diejenigen in der AfD sammeln konnten, die gegen Luckes Kurs standen. Diesen Zweck erfüllte dann die Erklärung, die auf dem AfD-Landesparteitag in Thüringen mit großer Mehrheit beschlossen wurde und bald darauf tausende von Unterstützerunterschriften hatte[39].

---

38 Amann (2017), S. 134ff.
39 Ebd, S. 146ff. Zu Kubitschek vgl. auch Wagner (2017), S. 252ff.; Bender (2017), S. 87ff. und Speit (2016), S. 117ff.

Lucke und seine Freunde reagierten mit der Gründung der Initiative „Weckruf 2015". Im Gründungsaufruf wurde davor gewarnt, die AfD zu einer „radikalen Partei von Wutbürgern" verkommen zu lassen. Gleichzeitig wurden die Anhänger des Lucke-Kurses aufgefordert, die Partei nicht zu verlassen, sondern auf einen Erfolg beim Bundesparteitag im Sommer zu setzen.

Mit dieser Reaktion lief Lucke seinen Gegner ins Messer. Fortan konnte gegen ihn der Vorwurf erhoben werden, er selbst betreibe als Parteichef die Spaltung der eigenen Partei. Zumal der Hamburger Ökonom in „technokratischem Überschwang" seinem „Weckruf" gleich noch eine Satzung und sogar Landesbeauftragte verpasste, so dass tatsächlich der Eindruck einer „Partei in der Partei" aufkommen konnte. Schließlich brachte er noch ein „Amtsenthebungsverfahren" gegen Höcke in Gang, weil dieser im Gespräch mit der „Thüringer Allgemeinen" davon gesprochen hatte, dass er nicht davon ausgehe, „dass man jedes einzelne NPD-Mitglied als extremistisch einstufen kann" [40].

Im Unterschied zu Lucke hielt sich Frauke Petry bedeckt. Sie unterschrieb weder das Erfurter Papier noch Luckes „Weckruf", womit sie fast automatisch in eine Mittelposition rückte. Damit waren ihr im Machtkampf mit Lucke nicht nur die Stimmen der Parteirechten sicher. Sie konnte sich auch denen empfehlen, die in Luckes Vorgehen die eigentliche Zuspitzung im innerparteilichen Machtkampf sahen. Indem sie sich selbst aus den inhaltlichen Konflikten heraushielt, galt sie jetzt als integrative Kraft.

Zugleich erklärte sie die Auseinandersetzung zu einer Frage des politischen Stils. Für Lucke bedeute „Kompromiss, wenn er seine Position durchsetzt und der andere nachgibt". Sie hingegen wirke „lieber integrativ als autokratisch. Das unterscheidet mich von Bernd Lucke" – so formulierte sie die Unterschiede im Interview mit dem Handelsblatt[41].

Während die innerparteilichen Spannungen eskalierten, war der AfD erstmals auch der Einzug in die Landtage im Westen gelungen. Bei den Bürgerschaftswahlen in Hamburg erreichte sie im Februar 2015 6,1 % der Wähler. In Bremen konnte die Partei im Mai mit 5,5 % der Stimmen in die Bürgerschaft einziehen.

Nach diversen Auseinandersetzungen über Ort und Form des Parteitags (Delegierten- oder Mitgliederprinzip) kam es am 4./5.Juli 2015 in Essen zum „Showdown", der in eine faktische Spaltung der Partei einmündete. Zuvor hatten beide Seiten das Treffen akribisch vorbereitet. Namenslisten über die künftige Besetzung des Vorstands machten überall die Runde. Während es den Petry-Unterstützern dabei gelang, mit Alice Weidel eine der namhaften Protagonistinnen aus dem Lucke-Lager

---

40 Amann (2017), S. 151
41 Speit (2016), S. 51

abzuwerben, wurde das Weckruf-Lager von einem peinlichen Missgeschick ereilt. Ein heimlich aufgenommener Mitschnitt eines Vorbereitungstreffens landete umgehend im Internet, wodurch die interessierte Parteiöffentlichkeit erfahren konnte, wie Lucke über seine Sprecherkollegin dachte („Sie lügt wie gedruckt")[42]. Auf dem Parteitag selbst, an dem 3.300 AfD-Mitglieder teilnahmen, hatte Lucke bereits keine Chance mehr. Während seiner Rede, in der er Toleranz für Muslime forderte und versicherte, der „Weckruf" habe doch nur Gefahren von der Partei abwenden wollen, wurde er mehrfach von Buhrufen und gellenden Pfiffen unterbrochen. Frauke Petry mochte in ihrem Beitrag keinen Rechtsruck in der AfD erkennen; da es keinen gebe, sollte man ihn auch nicht herbeireden. Das Abstimmungsergebnis entsprach dann der im Saal wahrnehmbaren Grundstimmung. Petry konnte sich mit etwa 60 % der Stimmen deutlicher als erwartet durchsetzen; auf Lucke entfielen 38 %[43].

Die weiteren Vorstandswahlen gestalteten sich weitgehend nach den Wünschen der neuen Vorsitzenden. Als zweiter Parteisprecher wurde der baden-württembergische Hochschullehrer Jörg Meuthen gewählt, der ursprünglich eher dem Lucke-Flügel nahegestanden hatte. Weil die vorgesehene Satzungsänderung nach der Niederlage Luckes nicht mehr umgesetzt wurde, führten Petry und Meuthen die Partei bis zum Herbst 2017 gemeinsam[44].

Kaum berücksichtigt wurde im neuen Personaltableau der Partei der rechte Parteiflügel, der mit seinem Vorstoß den Sieg Petrys überhaupt erst ermöglicht hatte. Das sorgte bei den Initiatoren der Erfurter Erklärung für einige Verärgerung. Bald begegnete man dort der neuen Parteivorsitzenden mit einigem Misstrauen. Alexander Gauland hielt sie ohnehin eher für eine Karrieristin mit wenig politisch-ideologischer Bodenhaftung[45].

Nicht mehr vertreten war in der neuen AfD-Führung auch der dritte ehemalige Parteisprecher, Konrad Adam. Er hatte zur Parteitagseröffnung noch für einen emotionalen Höhepunkt gesorgt, als er mit seiner Definition von „rechts" Begeisterungsstürme auslöste. Als rechts gelte heute schon, „wer einer geregelten Arbeit nachgeht, seine Kinder pünktlich in die Schule schickt und der Ansicht ist, dass sich der Unterschied von Mann und Frau mit bloßem Auge erkennen lässt"[46]. Bei den Vorstandswahlen aber blieb er ohne Chance. Er hatte es versäumt, sich im Vorfeld einer der beiden Seiten zuzuordnen. Am Ende saß er zwischen allen Stühlen.

---

42 Amann (2017), S. 157
43 Speit (2016), S. 53; vgl. auch Amann (2017), S. 161 ff.
44 Amann (2017), S. 198 ff.
45 Ebd., S. 166 ff.
46 Amann (2017), S. 162

Die Niederlage Luckes hatte weitreichende Konsequenzen. Innerhalb weniger Tage verließen 600 Mitglieder die Partei. Unter ihnen waren fünf der sieben Europa-Abgeordneten, darunter Lucke selbst. Nur Beatrix von Storch und Marcus Pretzell blieben in der AfD. Sie verließen allerdings die Fraktion der europäischen Konservativen bzw. wurden später ausgeschlossen (Pretzell).

Die AfD verlor ganze Kreis- und Landesvorstände. Bernd Lucke gründete mit seinen Anhängern bald darauf die Partei „Allianz für Fortschritt und Aufbruch", die freilich bei ihren Wahlkandidaturen bislang erfolglos geblieben ist.

Das öffentliche Echo auf den Essener Parteitag war für die AfD verheerend. Überall wurde die Niederlage Luckes als „Rechtsruck" bewertet. In Umfragen rutschte die Partei auf Werte unter die 5%-Marke. Lucke selbst sprach noch im Juli 2015 davon, dass die AfD „nicht zu retten" sei. Die „rechten Demagogen um Petry und Gauland" hätten „alles im Griff"[47].

Doch mit der Entscheidung der Bundeskanzlerin zur Grenzöffnung im September 2015 und dem bald folgenden Massenzustrom von Flüchtlingen vor allem aus Syrien, Irak und Nordafrika entstanden politische Rahmenbedingungen, die der AfD ideale Voraussetzungen für ein stürmisches Anwachsen in der Wählergunst schufen. Da der Zustrom zeitweise unkontrollierte Züge annahm und in der bundesdeutschen Gesellschaft neben Mitgefühl und Engagement auch viele Ängste und Befürchtungen auslöste, diese aber mit Ausnahme der CSU von keiner der im Bundestag vertretenen Parteien aufgenommen wurden, wurde die AfD mit ihrer jetzt deutlich und zugespitzt artikulierten Fundamentalkritik an der Zuwanderung zum einzigen Adressaten, der dieser Kritik Ausdruck verlieh. Die Terroranschläge von Paris im November 2015 und die Übergriffe vornehmlich nordafrikanischer junger Männer in der Silvesternacht 2015/16 in Köln ließen die Ängste vor den Folgen dieser Massenzuwanderung weiter ansteigen.

Die AfD reagierte auf diese Entwicklung ihrerseits mit einer „Herbstoffensive". Bald genossen die oft polemisch überspitzten Äußerungen ihrer Vertreter breite publizistische Resonanz. Frauke Petry und andere zogen durch die Talkshows der Republik. So auch Björn Höcke, dessen Auftritt in der ARD-Talkshow von Günther Jauch freilich auch in der AfD auf Kritik stieß. Sie würden sich wie die meisten AfD-Mitglieder vom derzeitigen Stil ihres thüringischen Landesvorsitzenden „nicht vertreten fühlen", erklärten Petry und Meuthen nach der Sendung[48]. Im November 2015 verschärfte die Mehrheit der Delegierten auf dem Parteitag in Hannover den Antrag der Parteiführung zur Asyl- und Flüchtlingsthematik.

---

47 Speit (2016), S. 81
48 Ebd., S. 48

Mochten auch manche Äußerungen etwa zur Grenzsicherung gegenüber Flüchtlingen „notfalls auch mit der Waffe" umgehend medial skandalisiert werden – dem Aufstieg der Partei tat dies keinen Abbruch. Im Gegenteil: Bald sahen sich die Medien mit dem Vorhalt einer gezielten Einseitigkeit ihrer Berichterstattung konfrontiert, ein Vorwurf, der mit der verzögerten Berichterstattung über die Kölner Vorgänge in der Silvesternacht besondere Nahrung erhielt[49].

Unter diesen Bedingungen wuchsen nicht nur die Mitgliederzahlen der AfD bald wieder. Noch deutlicher fiel der Anstieg ihrer Umfragewerte aus. Hatte die Partei bei den Wahlumfragen zur Landtagswahl in Sachsen-Anhalt vor der Flüchtlingskrise noch bei 5 % gelegen, so stiegen diese Zahlen bis zum Januar 2016 bis auf 15 %.

Am Ende konnte die Partei bei den Landtagswahlen am 13. März 2016 noch deutlich mehr erreichen: Mit ihren 24,3 % ließ sie Linkspartei und SPD klar hinter sich. Auch im Westen kam sie zu spektakulären Erfolgen: Bei den am gleichen Tag abgehaltenen Landtagswahlen in Baden-Württemberg erreichte die AfD 15,1 % und lag auch hier vor der SPD. In Rheinland-Pfalz fiel das AfD-Ergebnis am 13. März mit 12,6 % ebenfalls zweistellig aus[50].

In der Präambel zum AfD-Landtagswahlprogramm für Baden-Württemberg hieß es: „Der rot-grünen Multi-Kulti-Ideologie, die schon jetzt grandios gescheitert ist, setzt die AfD ein Bekenntnis zu Baden-Württemberg als Heimat – für Einheimische und gut integrierte Eingewanderte – mit deutscher Leitkultur entgegen"[51]. Eine „unheilvolle Koalition aus dem Kartell der Altparteien und den Medien versucht, die Bevölkerung zu manipulieren, um ihre utopischen Vorstellungen von einem ‚Schmelztiegel Deutschland' durchzusetzen". Der Willkommenskultur für Flüchtlinge wurde eine „Willkommenskultur für Un- und Neugeborene" entgegengesetzt.

Ähnliche Töne schlug die Partei in Rheinland-Pfalz an, während sich ihre Parteifreunde in Sachsen-Anhalt in die Tradition „der friedlichen Revolution von 1989" zu rücken suchten. Man habe das Recht auf Meinungsfreiheit damals nicht erkämpft, um es „heute auf dem Altar einer abstrusen politischen Korrektheit zu opfern". Dem „linken Zeitgeist" setze man „unseren gesunden Menschenverstand und unsere Heimatliebe entgegen"[52].

---

49 Zu den Übergriffen in der Silvesternacht 2015/2016 in Köln und anderen deutschen Städten vgl. u. a. Blieser (2017), S. 48ff und Wiermer (2017); vgl. auch die Rekonstruktion in DIE WELT vom 10.1.2016
50 Vgl. Wahlergebnisse der Landtagswahlen 2016 im Überblick, online auf www.spiegel.de/politik/deutschland/wahlergebnisse-der-landtagswahlen-2016-im-ueberblick, Zugriff am 13.2.2018
51 Speit (2016), S. 100
52 Ebd., S. 102

Während die Programme in Rheinland-Pfalz und Baden-Württemberg radikalere Positionen weitgehend vermieden und Forderungen artikulierten, die einem traditionellen konservativen Gesellschaftsbild zuzuordnen sind, unterschied sich das Profil der AfD in Sachsen-Anhalt davon durch eine deutlich stärkere Betonung der Begriffe Volk, Nation und Identität. Auf Kritik daran betonte Landeschef Poggenburg, er wolle sich nicht gefallen lassen, dass solche „völlig unproblematische(n) und sogar äußerst positive(n) Begriffe heute nicht mehr benutzt" werden sollten[53].

Trotz der Schließung der Balkanroute und dem Flüchtlingsabkommen mit der Türkei im Frühjahr 2016, die einen deutlichen Rückgang des Zustroms von Flüchtlingen zur Folge hatten, setzte sich die Erfolgsserie der AfD bei den Wahlen in Berlin und Mecklenburg-Vorpommern im Herbst 2016 fort. In Berlin bekam die Partei 14,1 %, in Mecklenburg-Vorpommern sogar 20,8 % der Stimmen. Auf der Urlaubsinsel Usedom war sie jetzt die stärkste politische Partei[54].

Unterdessen hatten sich in der Parteiführung neue Risse gezeigt. Eine Rolle spielten dabei atmosphärische Störungen, die mit Alleingängen von Frauke Petry und der Position ihres Lebensgefährten Marcus Pretzell zu tun hatten, der von ihr als eine Art „kooptiertes Vorstandsmitglied" protegiert wurde[55]. Dies sorgte für einigen Unmut, besonders bei ihrem Co-Vorsitzenden Jörg Meuthen, der gegenüber der schillernden Frauke Petry in der öffentlichen Ausstrahlung zunächst eher blass geblieben war.

Diese atmosphärischen Verstimmungen erhielten größere politische Brisanz, als Petry Ende 2015 gegen den rechten Frontmann Björn Höcke vorgehen wollte, nachdem dieser im „Institut für Staatspolitik" seines Freundes Kubitschek eine Rede über die „phylogenetischen Reproduktionsstrategien" von Afrikanern gehalten hatte. Mehrere AfD-Landesvorsitzende kritisierten die Rede des ohnehin umstrittenen Höcke als „klar rassistisch". Daraufhin wollte Petry durchgreifen, doch Meuthen war nicht bereit, ihr dabei zu folgen. Nachdem ihm Höcke telefonisch versichert hatte, er sei missverstanden worden und die ganze Sache tue ihm leid, stimmte er gegen Petrys Antrag, Höcke zum Rücktritt aufzufordern. Die Mehrheit im Parteivorstand folgte ihm. So sorgte die Rivalität der beiden Parteivorsitzenden dafür,

---

53   Ebd., S. 106
54   Vgl. Die Landeswahlleiterin für Berlin, Wahlen zum Abgeordnetenhaus 2016, online auf: https://www.wahlen-berlin.de/wahlen/be2016/afspraes/index.html, Zugriff am 10.1.2018. Ergebnis für Mecklenburg-Vorpommern und Einzelresultate online nach: http://www.wahl.tagesschau.de/wahlen/2016-09-04-LT-DE-MV/index.html, Zugriff am 13.5.2017
55   Amann (2017), S. 194ff.

dass der innerparteiliche Rechtsaußen Höcke von dem als gemäßigt geltenden Meuthen geschützt wurde[56].

Noch ärger gerieten Petry und Meuthen im Sommer 2016 aneinander. Wieder ging es um die Abgrenzung nach rechts. Nachdem im Juni in den Medien Berichte über die Schriften des Landtagsabgeordneten Gedeon erschienen waren, die antisemitische Sequenzen enthalten und dem „Judaismus in seiner säkular-zionistischen Form" das Ziel einer „Versklavung der Menschheit" unterstellen, sah sich Meuthen als Fraktionsvorsitzender zum Einschreiten veranlasst. Zu allem Überfluss hatte der frühere Maoist Gedeon auch noch die berüchtigten „Protokolle der Weisen von Zion" als Beleg für seine Thesen angeführt[57].

Meuthens Versuch, Gedeon aus der Fraktion zu drängen, führten zu heftigen Konflikten, die schließlich im zeitweiligen Austritt der Fraktionsmehrheit mit ihm an der Spitze gipfelten. Das rief Frauke Petry auf den Plan, die in einem skurrilen Auftritt im Stuttgarter Landtag Gedeon zum Austritt zwang, gleichzeitig aber ihren Ko-Vorsitzenden zu demontieren versuchte. Am Ende war zwar die Fraktion wieder vereint, aber ihr Chef erheblich geschwächt. Damit war das Tischtuch zwischen den beiden Parteivorsitzenden zerschnitten. Nach außen sah es zunächst so aus, als habe sich Frauke Petry durchgesetzt. 2017 aber sollte sich zeigen, dass dieser Eindruck falsch gewesen war[58].

Wenige Wochen vor den Querelen in der Stuttgarter Landtagsfraktion hatte die AfD auf ihrem Parteitag vom 30.4./1.5.2016 ein Grundsatzprogramm beschlossen (vgl. das nächste Kapitel). Mit ihm präsentierte sich die Partei als grundsätzliche Alternative zu den etablierten Parteien. Sie stellte heraus, dass sie für direkte Demokratie, soziale Marktwirtschaft, Föderalismus, Familie und „gelebte deutsche Kultur" eintrete, wandte sich gegen den Euro und die „Verwirklichung eines europäischen Großstaats", forderte Verschärfungen in der Strafverfolgung, mehr Polizei, beschleunigte Abschiebungen von Ausländern und eine grundsätzliche Veränderung der Einwanderungs- und Asylpolitik. Deutschland benötigte ein Einwanderungsgesetz, das Einwanderung an den Bedürfnissen des deutschen Arbeitsmarkts ausrichten sollte. Als positives Beispiel dafür wurde ein Punktsystem nach kanadischem Vorbild genannt. Die traditionelle Familie sollte wieder zum unbestrittenen Leitbild einer Familienpolitik werden, deren zentrales Ziel die Erhöhung der Geburtenrate sein müsse. Abtreibungen sollten erschwert werden. Die entscheidende Rolle der Menschen beim Klimawandel wurde ebenso bezweifelt wie

---

56 Ebd., S. 200f.
57 Speit (2016), S. 289ff. Die Zitate stammen aus Gedeons Schrift „Der grüne Kommunismus und die Diktatur der Minderheiten". Vgl. Bender (2017), S. 74ff.
58 Amann (2017), S. 207ff.

der Sinn der daraus gefolgerten regierungsamtlichen Klimapolitik. Der Verzicht auf die Nutzung der Kernenergie sei übereilt und nicht sachgerecht[59].

In den Abstimmungen über die kontroversen Punkte setzten sich nach lebhaften Debatten meist die Befürworter der gemäßigteren Positionen durch. Eine gewisse Ausnahme bildete dabei der Beschluss zum Islam. Hier unterlagen die Befürworter einer Position, die feststellen wollten, dass nur der „politische Islam" nicht zu Deutschland gehöre. Die Unterscheidung zwischen dem Islam als Religion und dem Islam als „politischer Ideologie" tauchte im Beschlusstext nicht mehr auf.

Frenetisch gefeiert wurde von den Parteitagsdelegierten die Rede von Jörg Meuthen. Als dieser verkündete, die AfD wolle weg vom „links-rot-grün versifften 68er Deutschland", tobte der Saal. Meuthen hatte die Grundstimmung der Partei genau getroffen. Die Basis war elektrisiert.

Die wachsenden Spannungen zwischen Frauke Petry und Marcus Pretzell auf der einen und Jörg Meuthen, Alexander Gauland und Beatrix von Storch auf der anderen Seite konnten den Einflussgewinn der AfD zunächst nicht eintrüben. Bis Ende 2016 war die Mitgliederzahl der Partei bis auf 26.000 angestiegen.

Im Januar 2017 trafen sich in Koblenz die führenden Politiker rechtspopulistischer Parteien in Europa. Auf Einladung von Marcus Pretzell traten hier u. a. auch Marine Le Pen und Geert Wilders auf. Nachdem die AfD lange Zeit bestrebt gewesen war, jeden Eindruck einer unmittelbaren Nähe zum französischen Front National zu vermeiden, bedeutete diese Veranstaltung, bei der auch Frauke Petry prominent in Erscheinung trat, einen Bruch mit dieser Tradition. Entsprechend wurde das Treffen im Bundesvorstand kritisiert.

Wenige Tage zuvor hatte der thüringische AfD-Chef einmal mehr für Aufsehen gesorgt. Bei einer Veranstaltung der AfD-Jugendorganisation „Junge Alternative" bezeichnete er das Holocaust-Mahnmal in Berlin als „Denkmal der Schande". Dies löste nicht nur einen breiten Sturm der Entrüstung in der Öffentlichkeit aus. Auch der Bundesvorstand der AfD sah sich zum Handeln veranlasst. Auf Initiative von Frauke Petry beschloss er, Ordnungsmaßnahmen gegen Höcke einzuleiten, weil dieser dem Ansehen der Partei geschadet habe. Bis heute sorgt dieses Verfahren für Zündstoff in der AfD.

Dass Frauke Petry im Bundesvorstand ihrer Partei zunehmend isoliert war, zeigte sich dann schon im Januar 2017. Der Vorstand wies ihren Anspruch auf die alleinige Spitzenkandidatur zur Bundestagswahl 2017 zurück und beschloss stattdessen, mit einer „Mannschaft" in den Wahlkampf zu ziehen. Im Vorfeld des Kölner Parteitags vom 22./23. April 2017 versuchte die Parteivorsitzende dann, die

---

59 Alternative für Deutschland (Hrsg.), Programm für Deutschland – Das Grundsatzprogramm (Langfassung), Stuttgart 2016

Konflikte von der persönlichen auf die politisch-strategische Ebene zu verlagern. Sie kündigte einen Antrag an, in dem sich die AfD zu einem „realpolitischen Kurs" mit dem Ziel einer Machtbeteiligung bekennen und eine fundamentaloppositionelle Orientierung zurückweisen sollte.

Auf dem Parteitag aber wurde dann öffentlich erkennbar, dass sie nur noch wenig Unterstützung genoss. Ihr Antrag wurde nicht einmal behandelt. Als dann noch mit Alexander Gauland einer ihrer schärfsten innerparteilichen Gegner zu einem der beiden Spitzenkandidaten für die Wahl im September bestimmt wurde, war sie endgültig zu einer Vorsitzenden auf Abruf geworden. Zur zweiten Spitzenkandidatin bestimmte die AfD Alice Weidel, die dem wirtschaftsliberal-pragmatischen Spektrum der Partei entstammt[60].

Während Frauke Petry ihre innerparteiliche Machtposition einbüßte, musste die AfD bei den Landtagswahlen im Frühjahr 2017 ernüchternde Ergebnisse hinnehmen. In Nordrhein-Westfalen wurden im Mai 7,4 %, in Schleswig-Holstein kurz davor sogar nur 5,9 % der Stimmen erreicht. Im Saarland hatten Ende März 6,2 % die Partei gewählt[61]. Auch in den bundesweiten Umfragen ging ihr Anteil zurück. So entstand im Frühjahr 2017 der Eindruck, mit dem Rückgang der Flüchtlingszahlen und der Berichterstattung darüber würde sich ein Wahlerfolg der AfD bei den Bundestagswahlen in Grenzen halten.

Das in Köln beschlossene Wahlprogramm stellte am Anfang den „gescheiterten Euro" besonders heraus. Er müsse zu einer Transferunion führen. Weiter wurde die Nullzinspolitik der EZB kritisiert. Das Bargeld solle unbedingt erhalten werden und die Deutschen nach britischem Vorbild über den Austritt aus der Eurozone abstimmen.

Besonders breiten Raum nahmen die Flüchtlings- und Islampolitik ein. Asylbewerber sollten künftig nur noch bei zweifelsfreiem Nachweis ihrer Identität einen Antrag stellen können und bei Ablehnung ihres Antrags abgeschoben werden. Eine Obergrenze müsse gesetzlich festgelegt werden. Beim Unterhalt der Antragsteller in Deutschland sollten Sach- statt Geldleistungen im Vordergrund stehen. Die australische Politik, Flüchtlinge außerhalb ihres Zielgebiets, auf- und abzufangen, betrachtete die AfD als denkbares Modell. Als Ziel der AfD wurde formuliert, Deutschland als Staat „unseren Nachfahren zu erhalten" und nicht mit offenen Grenzen der „Selbstzerstörung" zu überlassen.

Deutlich wurde herausgestellt, dass der Islam nicht zu Deutschland gehöre. Minarett und Muezzin wurden abgelehnt. Die Vollverschleierung müsse verboten werden.

---

60 Vgl. Hensel/ Finkbeiner (2017), S. 13
61 Ebd., S. 20

Die demographischen Probleme der deutschen Gesellschaft sollten durch eine Familienpolitik angegangen werden, die ungeborenes Leben schützen und das Kinderkriegen durch ein „Kinderbegrüßungsgeld" fördern solle. Herausgestellt wurden ferner die Notwendigkeit einer deutschen Leitkultur und die Ablehnung des Multikulturalismus. Deutschland dürfe nicht durch „falsch verstandene Toleranz" seine Identität verlieren.

Breiten Raum nahm auch die Kritik am Zustand der Demokratie ein. Das Machtmonopol einer kleinen politischen Elite müsse durch die Einführung von Volksabstimmungen nach Schweizer Vorbild aufgebrochen werden[62].

Im Bundestagswahlkampf zeigte sich bald, dass die Themen der AfD auch im Herbst 2017 eine wichtige Rolle spielten. Schon das Ausmaß der Ablehnung, auf das namentlich die Bundeskanzlerin besonders in Ostdeutschland stieß, ließ ahnen, dass die AfD auf ein sehr gutes Stimmenergebnis rechnen konnte. Auch die Häufung der Berichterstattung über innerparteiliche Skandale und Konflikte konnte daran nichts ändern.

Während Parteichefin Petry bundesweit plakatiert wurde, geriet sie jetzt auch in ihrem eigenen Landesverband unter Beschuss. Eine Rolle spielte dabei der Verdacht einer Falschaussage vor einem Untersuchungsausschuss des sächsischen Landtages, der bald auch zur Aufhebung ihrer parlamentarischen Immunität führen sollte.

Das Wahlergebnis vom 24. September sah die AfD dann sogar noch über den meisten Prognosen der Wahlforscher. In Sachsen hatte sie drei Direktmandate erringen können. Eines davon ging an Frauke Petry. Die aber hatte jetzt genug. Schon auf der Pressekonferenz ihrer Partei am Tag nach der Wahl kündigte sie an, dass sie der AfD-Bundestagsfraktion nicht angehören wolle. Kurz darauf verließ sie die Partei und verkündete, mit einer Partei „Die Blauen" politisch weiterarbeiten zu wollen. Mit ihr ging ihr Ehemann Marcus Pretzell und ein weiterer frisch gewählter Bundestagsabgeordneter. Hinzu kamen einige Landtagsabgeordnete, dazu weitere Parteifunktionäre.

Auf ihrem Bundesparteitag in Hannover Anfang Dezember 2017 wählte die AfD eine neue Führung. Dabei kam es zu einem Abstimmungspatt zwischen dem Kandidaten des gemäßigten Flügels, dem Berliner Fraktionschef Georg Pazderski, und der als weiter rechts eingestuften Doris von Sayn-Wittgenstein aus Norddeutschland. In einem dritten Wahlgang zogen schließlich beide zugunsten von Alexander Gauland zurück, der jetzt zusammen mit dem wiedergewählten Jörg Meuthen die Partei anführt.

---

62 Alternative für Deutschland (Hrsg.), Programm für Deutschland – Wahlprogramm der Alternative für Deutschland für die Wahl zum Deutschen Bundestag am 24. September 2017, Berlin 2017

Gauland muss heute als wichtigste Führungsfigur der Partei gelten. Bereits einige Wochen vor seiner Wahl zum Parteivorsitzenden war er mit Alice Weidel an die Spitze der Bundestagsfraktion getreten. Der 1941 geborene Wahlbrandenburger ist nun aus seiner Rolle als „grauer Eminenz" der Partei herausgetreten und trägt den wichtigsten Teil der Führungsverantwortung.

Im Bundestag ist die AfD bei ihren ersten Auftritten auf allseitige Ablehnung gestoßen. Ihr Kandidat für das Amt des Bundestagsvizepräsidenten, Albrecht Glaser, wurde von der Mehrheit der Bundestagsabgeordneten ebenso abgelehnt wie der Kandidat der Partei für das Gremium zur Kontrolle der Geheimdienste. Erst in einem zweiten Anlauf erhielt der Abgeordnete Roman Reusch die notwendige Mehrheit.

Auch über die Frage der Ausschussvorsitze für AfD-Abgeordnete kam es zu öffentlichen Kontroversen. Hier hat die Parlamentsmehrheit freilich an den herkömmlichen Spielregeln festgehalten und ist nach dem Zugriffsverfahren vorgegangen, was der AfD auch den Vorsitz im wichtigen Haushaltsausschuss gebracht hat. Sehr umstritten war dazu die Nominierung des AfD-Kandidaten Stephan Brandner für den Vorsitz im Rechtsausschuss. Im Bundestag eigentlich unüblich, kam es bei allen AfD-Ausschussvorsitzenden zu Kampfabstimmungen. Von parlamentarischer Normalität im Verhältnis zwischen der AfD und den anderen Fraktionen kann in Berlin bislang nicht gesprochen werden.

Dem Wählerzuspruch haben die Berliner Auseinandersetzungen offenbar nichts anhaben können. Nach den Umfrageergebnissen liegt die AfD im Februar 2018 noch über ihrem Bundestagswahlergebnis. In Ostdeutschland würde ihr nach den Analysen der Demoskopen derzeit jeder vierte Wähler seine Stimme geben.

Politik und Programmatik der AfD

Die „Politischen Leitlinien" der AfD aus dem Frühjahr 2014 können als erstes umfassendes Dokument ihrer Programmatik gelten. Sie zeigen die entscheidende Rolle der Eurokrise bei der Entstehung der Partei. Vor allem sie und eine falsche Europapolitik gelten der AfD hier gleichermaßen als Ausdruck wie als Ursache grundsätzlicher Fehlentwicklungen der Gesellschaft. Mit Eurokrise und der Schaffung des europäischen Stabilisierungsmechanismus hätten Demokratie und Gewaltenteilung Schaden genommen. Es habe sich gezeigt, dass die bestehende Kompetenzverteilung zwischen Europa und den Nationalstaaten „nicht zukunftsfähig" sei. Die AfD bekenne sich „uneingeschränkt zu einer Europäischen Union, die der Aufklärung sowie dem Streben der Völker nach Menschenrechten und Demokratie gerecht wird und die Wertegrundlagen der europäischen Zivilisation dauerhaft erhält". Die Einführung des Euro aber sei eine Entscheidung „gegen die ökonomische und politische Vernunft" gewesen[63].

In den folgenden Teilen werden Grundrechte, Meinungsfreiheit und Rechtsstaat herausgestellt. Die AfD wendet sich dabei auch gegen „selbsternannte Gesinnungswächter". Sie befürwortet die „direkte Demokratie" und Volksabstimmungen nach dem Vorbild der Schweiz. Sie tritt für die Westbindung Deutschlands und die Mitgliedschaft in der NATO ein und bekennt sich zur sozialen Marktwirtschaft. Aus dieser marktwirtschaftlichen Sicht lehnt sie die „planwirtschaftliche" Umsetzung der Energiewende ab. Das Steuerrecht soll vereinfacht und die Staatsverschuldung reduziert werden.

Eine stärkere Förderung von Familien mit Kindern sei eine zentrale Zukunftsaufgabe. Junge Menschen sollen ermutigt werden, Familien zu gründen. Dabei

---

63 Alternative für Deutschland (Hrsg.), Politische Leitlinien der Alternative für Deutschland, Berlin Mai 2014, S. 1

wird die Ehe „zwischen Mann und Frau" als „familienpolitisch wünschenswert" besonders betont[64].

Die Asyl- und Einwanderungspolitik wird in den „Leitlinien" zwar behandelt, steht aber nicht im Vordergrund. Einwanderungspolitik müsse nach klaren Kriterien gesetzlich geordnet werden, „z. B. in Anlehnung an entsprechende Kriterien wie in Australien oder Kanada". Eine Zuwanderung in die deutschen Sozialsysteme lehnt die Partei ab. Politisch Verfolgten sei Asyl zu gewähren. Sie sollten „würdig behandelt und als Mitmenschen akzeptiert werden", wozu auch das Recht gehöre, ihr Auskommen selbst erarbeiten zu dürfen. „Aus Gründen der Humanität" sei es eine Pflicht, „Kriegsflüchtlingen mit Unterkünften und dem notwendigen Lebensunterhalt beizustehen". Der Islam taucht in diesem Papier gar nicht auf[65].

Das ist im AfD-Grundsatzprogramm vom Mai 2016 schon ganz anders. Parteispaltung und Flüchtlingskrise haben programmatisch deutlich sichtbare Spuren hinterlassen. Zwar spielen die Kritik am Euro und der Europapolitik auch in dem 190 Seiten starken Grundsatzprogramm eine wichtige Rolle. Doch Einwanderungs- und Flüchtlingspolitik nehmen jetzt breiteren Raum ein als in den Leitlinien zwei Jahre zuvor. Gleichzeitig wird die Tonlage verschärft. Hatte sich die AfD der „Leitlinien" noch zum Asylrecht bekannt und einen Schutzanspruch der Bürgerkriegsflüchtlinge bejaht, so fordert die Partei nun, das Grundrecht auf Asyl durch eine institutionelle Garantie in Form eines Asylgesetzes zu ersetzen. Zuwanderung über den Asylrechtsartikel steuern zu wollen, sei der „falsche Ansatz". Es sei nicht richtig, alle Menschen, die 2016 nach Deutschland strömten, als Flüchtlinge zu bezeichnen. Vielmehr müsse zwischen Flüchtlingen und „irregulären Migranten" unterschieden werden. Ein „Paradigmenwechsel in der Asylzuwanderung" sei notwendig. Die „überkommene Politik der großzügigen Asylgewährung im Wissen um massenhaften Missbrauch" führe nicht nur zu einer „unaufhaltsamen Besiedlung Europas, insbesondere Deutschlands, durch Menschen aus anderen Kulturen", sondern sei auch für den Tod vieler Menschen auf dem Mittelmeer verantwortlich. Anerkennungsverfahren sollen künftig nur noch in den Herkunftsländern der Asylbewerber durchgeführt und dazu Außenstellen des Bundesamtes für die Aufnahme von Flüchtlingen und der Verwaltungsgerichtsbarkeit eingerichtet werden[66]. Ein Einwanderungsgesetz soll künftig dafür sorgen, dass die Zuwanderung aus Drittstaaten nach Deutschland an die Bedürfnisse des deutschen Arbeitsmarktes angepasst wird. .

---

64 Ebd., S. 6
65 Ebd.
66 AfD-Grundsatzprogramm, S. 117ff.

Breiten Raum nimmt jetzt auch der Islam ein. Die AfD fordert ein Verbot ausländischer Finanzierung des Moscheebaus, ein Verbot der Vollverschleierung und die Auflösung von Koranschulen. Der Ruf des Muezzin und die Errichtung von Minaretten werden abgelehnt. Islamischen Religionsgemeinschaften dürfe der Status einer Körperschaft nicht zuerkannt werden. Der Islam gehöre nicht zu Deutschland, heißt es in der Unterüberschrift eines Kapitels, das mit „Der Islam im Spannungsverhältnis zu unserer Werteordnung" überschrieben ist. Darin bekennt sich die AfD zu Religions-, Glaubens- und Gewissensfreiheit. Sie trete freilich einer „islamischen Glaubenspraxis", die sich „gegen die freiheitlich-demokratische Grundordnung, unsere Gesetze und gegen die jüdisch-christlichen und humanistischen Grundlagen unserer Kultur richtet...entgegen"[67].

Deutschland muss nach Auffassung der AfD den Euroraum verlassen. Darüber sollten die Bürger in einer Volksabstimmung entscheiden. Die Weiterentwicklung der europäischen Gemeinschaft zu einer supranationalen Organisation wird abgelehnt. Europa sollte vielmehr als Netzwerk funktionieren, ohne die Souveränität der Mitgliedsstaaten im Kern einzuschränken. Der Kompetenzzuwachs für Europa sei durch einen „schleichenden Entdemokratisierungsprozess" begleitet und müsse zurückgeführt werden. Sollte dies nicht möglich sein, müsse Deutschland die EU verlassen. „Wir lehnen die Vereinigten Staaten von Europa ebenso ab wie eine EU als Bundesstaat, aus dem kein Austritt mehr möglich ist. Unser Ziel ist ein souveränes Deutschland, das die Freiheit und Sicherheit seiner Bürger garantiert, ihren Wohlstand fördert und seinen Beitrag zu einem friedlichen und prosperierenden Europa leistet"[68].

Dieses Programm lässt sich nicht einfach als anti-europäisch qualifizieren. Die AfD erinnert mit ihren europapolitischen Vorstellungen eher an de Gaulles „Europa der Vaterländer" aus den 1960er Jahren. Der Begriff selbst taucht sogar als Kapitelüberschrift auf. Stabile demokratische Nationalstaaten bildeten das „Fundament einer friedlichen Weltordnung".

In ihrer Kritik am Zustand der Demokratie und ihren Schlussfolgerungen erinnern einige Programmteile an die frühen Grünen. Das Volk habe die Souveränität im Staat verloren, konstatiert die AfD. Stattdessen halte eine „kleine, machtvolle politische Führungsgruppe innerhalb der Parteien" die Macht in ihren Händen. Als Mittel dagegen setzt die Partei auf die Einführung von Volksabstimmungen. Insoweit bewegt sie sich hier in einer programmatischen Kontinuität zu ihren Leitlinien aus 2014.

---

67 Ebd., S. 95/96
68 Ebd., S. 31

Die Macht der Parteien soll beschränkt werden. Dazu soll ein neues Gesetz zur Parteienfinanzierung her. Auch das Wahlrecht müsse verändert werden; die Bürger sollten künftig auch bei Bundes- und Landtagswahlen durch Kumulieren und Panaschieren die Reihenfolge der Kandidaten frei verändern können. Den Bundespräsident will die AfD in Zukunft direkt vom Volk wählen lassen. Regierungsmitglieder sollen künftig nicht mehr zugleich Abgeordnete sein dürfen, parlamentarische Staatssekretäre und politische Beamte ganz abgeschafft werden. Für die Abgeordneten soll eine zeitliche Beschränkung ihrer Mandatszeit auf maximal vier Legislaturperioden gelten, von der nur die direkt gewählten Abgeordneten ausgenommen werden können. Gleichzeitig müsse der Bundestag verkleinert werden.

Einen die Demokratie fördernden Effekt verspricht sich die AfD auch von der Verschlankung des Staates. Er habe sich in Zukunft stärker auf seine Kerngebiete innere und äußere Sicherheit, Justiz, auswärtige Beziehungen und Finanzverwaltung zu konzentrieren[69].

Zu den politischen Großthemen zählt die AfD die Innere Sicherheit. Die Polizei soll in Personal und Ausrüstung aufgestockt werden, um den Schutzanspruch der Bürger besser gerecht werden zu können. Die Justiz benötige zusätzliche Stellen, damit Strafprozesse beschleunigt werden können.

Eine falsche, übergroße Rücksichtnahme auf die Straftäter und ihre Rechte gehe zu Lasten der Opfer. Die Strafmündigkeit soll auf zwölf Jahre herabgesetzt, bei volljährigen Tätern das Erwachsenenstrafrecht angewendet, ausländische Straftäter sollen einfacher abgeschoben werden können.

Breiten Raum nimmt die Familienpolitik ein, die am traditionellen Leitbild der Eltern-Kind-Familie orientiert ist. Die AfD sieht die Wertschätzung der traditionellen Familie in Deutschland schwinden und will dem entgegenwirken. „Mehr Kinder statt Masseneinwanderung" lautet eine Kapitelüberschrift[70]. Familien mit Kindern sollen künftig bessergestellt werden. Dazu sollen auch zinslose Darlehen zur Förderung des Wohnungsbaus für junge Familien dienen, dessen Rückzahlung mit jedem Kind vermindert werden soll.

Auf scharfe Ablehnung stößt das „Gender-Mainstreaming", das auf eine Aufhebung der Geschlechteridentitäten ziele und die Frauen diskriminiere, die nicht im Arbeitsleben stehen, sondern ihre Kinder großziehen. Ein falsch verstandener Feminismus propagiere allein das Bild der berufstätigen Frau und bringe Vorstellungen hervor, in denen Kinder nur als „karrierehemmender Ballast" wirkten. Das müsse sich ändern. Die Förderung der Gender-Forschung soll eingestellt werden[71].

---

69 Ebd., S. 12ff.
70 Ebd., S. 81ff.
71 Ebd., S. 103

Ein wichtiges Ziel der AfD-Familienpolitik besteht in der starken Verminderung von Abtreibungen. Schwangerschaftskonfliktberatung müsse den Schutz des ungeborenen Lebens als oberstes Ziel verfolgen[72].

Die AfD wendet sich ausdrücklich „gegen die vom Gender-Mainstreaming propagierte Stigmatisierung traditioneller Geschlechterrollen". Geschlechterquoten in Studium und Arbeitsleben werden abgelehnt. Sie seien kein geeignetes Mittel zur Gleichstellung von Mann und Frau[73].

In der Außenpolitik bekennt sich die AfD zu Bundeswehr, UN und NATO und hält dabei einen ständigen Sitz Deutschlands im UN-Sicherheitsrat für einen wichtigen Beitrag zu größerer außenpolitischer Verantwortungsübernahme Deutschlands in der Welt. Die Bundeswehr will man stärken und die Wehrpflicht wieder einführen bzw. ihre Aussetzung rückgängig machen. Eine gemeinsame europäische Armee wird dagegen abgelehnt[74].

Eine Beteiligung der Bundeswehr an NATO-Einsätzen außerhalb des Bündnisgebiets wird zwar nicht unter allen Voraussetzungen abgelehnt, aber skeptisch beurteilt. Sie sollten grundsätzlich nur mit einem UN-Mandat und nur dann stattfinden, „wenn deutsche Sicherheitsinteressen berücksichtigt werden"[75].

Der Arbeitsmarkt soll nach Auffassung der AfD von unnötiger Bürokratie befreit, die Bundesagentur für Arbeit sogar ausgelöst werden. Ihre Aufgaben sollen die kommunalen Jobcenter übernehmen, die die Partei stärken will. Den Mindestlohn hält die AfD für sinnvoll und will ihn erhalten. An die Stelle von „Hartz IV" will man eine „aktivierende Grundsicherung" einführen, die zusätzliche Anreize zur Arbeitsaufnahme schaffen soll[76].

In den wirtschafts- und finanzpolitischen Programmteilen bekennt sich die AfD zu Marktwirtschaft und Freihandel. Das TTIP-Abkommen mit den USA dagegen wird abgelehnt, weil es nicht transparent verhandelt worden sei und unzulässig in nationales Recht eingreife[77].

Eine Reform des Steuerrechts soll Mittel- und Kleinverdiener entlasten. Andererseits will die AfD die Vermögens- und Erbschaftssteuer abschaffen und auch die Gewerbesteuer einer „Überprüfung" unterziehen. Ein „Familiensplitting" soll zur Entlastung von Familien mit Kindern beitragen[78].

---

72 Ebd., S. 87
73 Ebd., S. 110
74 Ebd., S. 56ff., bes. S. 61
75 Ebd., S. 59
76 Ebd., S. 76ff.
77 Ebd., S. 135
78 Ebd., S. 146ff., bes. S. 147

Die aktuelle Klimaschutzpolitik beruhe auf hypothetischen Klima-Modellen auf der Basis computergestützter Simulationen, mit denen die Erderwärmung nicht erklärt werden könne. Deshalb lehnt die AfD die von der Regierung propagierte Klimastrategie bis 2050 ab. Sie missbrauche den Kohlendioxid-Anstieg zur Beschränkung der persönlichen und wirtschaftlichen Freiheit. Die „zwangsweise Senkung" der Emissionen würde den Wirtschaftsstandort schwächen und den Lebensstandard senken.

Das „erneuerbare Energien-Gesetz" wird von der AfD als „planwirtschaftliches Instrument" abgelehnt. Die Energiewende führe zu einem gewaltigen Anwachsen der Strompreise, ohne dass nennenswerte Fortschritte erzielt würden. Im Gegenteil gefährdeten die Schwankungen bei der Leistung der regenerierbaren Energieträger die Versorgungssicherheit[79]. Der Ausstieg aus der Atomkraft sei übereilt erfolgt. Deshalb tritt die AfD für eine Laufzeitverlängerung der Atomkraftwerke ein[80].

Besonders betont wird die „kulturelle Identität" des Landes. „Deutsche Leitkultur statt Multikulturalismus" heißt hier das Motto. „Die Ideologie des Multikulturalismus, die importierte Strömungen auf geschichtsblinde Weise der einheimischen Kultur gleichstellt und deren Werte damit zutiefst relativiert, betrachtet die AfD als ernsthafte Bedrohung für den sozialen Frieden und für den Fortbestand der Nation als kultureller Einheit"[81].

Mit diesem Grundsatzprogramm konnte die AfD nicht mehr als „Ein-Themen-Partei" gesehen werden. Schließlich wurden jetzt inhaltliche Positionen zu fast allen wichtigen politischen Themen formuliert. Darunter fanden sich Vorstellungen, die eher an eine wirtschaftsliberale Partei erinnern, so z. B. Staats- und Bürokratieabbau oder die Vereinfachung des Steuersystems. Gleichzeitig übernahm die AfD aber auch Positionen aus dem linkeren, sozialprotektionistischen Spektrum, etwa mit ihrer befürwortenden Aussage zum Mindestlohn und der herausgestellten steuerlichen Besserstellung unterer Einkommen.

Wie die Ausweitung und Zuspitzung des migrationspolitischen Teils zeigte, verband sich mit diesem Programm aber auch eine Verschärfung des Konflikts mit der Regierungspolitik auf diesen Feldern. Gleichzeitig fand sich jetzt auch eine deutliche Ablehnung des Islam und seines Einflusses in Deutschland. Die Passagen des Programms, die sich gegen Multikulti und Gender-Mainstreaming richteten, erhielten jetzt den Charakter einer regelrechten Kampfansage.

Programmatisch ließ das Grundsatzprogramm gegenüber den „Leitlinien" nicht nur eine Verschiebung des Einflusses hin zum national-konservativen Parteiflügel

---

79   Ebd., S. 156ff.
80   Ebd., S. 164
81   Ebd., S. 92

erkennen. Zugleich wurde stärker als unter dem Einfluss von Bernd Lucke ein umfassenderes Gegenbild zum fundamentalliberal-ökologisch-kosmopolitisch-multikulturalistisch-genderisierten Zeitgeist sichtbar, wie er vor allem mit rot-grün, zunehmend aber auch mit der Union, verbunden wurde und wird. Aus Luckes eher nationalliberaler Professorenpartei mit flüchtlingskritischen Untertönen war ein Kampfverband mit stärker national-konservativem Weltbild geworden.

Das AfD-Wahlprogramm zur Bundestagswahl bewegte sich ganz in dieser Tradition. Zwar begann auch das in Köln im Frühjahr 2017 verabschiedete Wahlprogramm mit dem „gescheiterten Euro", der in eine Transferunion führen müsse. Aber der Schwerpunkt des Wahlprogramms lag eindeutig stärker bei der Flüchtlings-, Asyl- und Islampolitik[82].

Die programmatische Ausrichtung der AfD der Gründerzeit ist zutreffend als „Melange aus wirtschaftsliberalen und kulturkonservativ-autoritären Positionen" bezeichnet worden, wobei die Eurokritik eine beherrschende Rolle spielte[83]. Auch nach dem Austritt von Bernd Lucke und seiner Anhänger hat die Eurokritik einen zentralen programmatischen Platz behalten. Sie wird aber stärker in ein nationalkonservatives Gesamtbild von Politik eingebunden, in dem die Kritik an Einwanderungspolitik und Islam deutlich an Schärfe gewonnen hat.

Umstritten ist, wie weit „geschichtsrevisionistische" Forderungen nach einer Korrektur der deutschen Erinnerungskultur zum programmatischen Profil der Partei zu rechnen sind. Die entsprechenden Passagen im Grundsatzprogramm sprechen von „einer aktuellen Verengung der deutschen Erinnerungskultur auf die Zeit des Nationalsozialismus", die es „zugunsten einer erweiterten Geschichtsbetrachtung" aufzubrechen gelte, „die auch die positiven, identitätsstiftenden Aspekte deutscher Geschichte mit umfasst". Die Passage ist gewiss vieldeutig interpretierbar. Ein Programm zur Umdeutung der deutschen Geschichte aber lässt sich daraus nicht ableiten. Im Vergleich zu Martin Walsers Wort von der „Moralkeule Auschwitz" (1998) klingt die Formulierung eher maßvoll und gemäßigt.

Anderseits haben vor allem prominente ostdeutsche AfD-Politiker in öffentlichen Reden zur deutschen Erinnerungskultur ganz andere Tonlagen angeschlagen. In besonderer Weise gilt dies wieder für Björn Höcke, der mit seiner Holocaust-Rede für große öffentliche Empörung sorgte (s.oben).

Auch die frühere Parteisprecherin Frauke Petry hat sich verschiedentlich so eingelassen. Mit ihrer Forderung, den Begriff „völkisch" wieder positiv zu besetzen, erregte sie einiges Aufsehen. Auf einer Veranstaltung der AfD-Landtagsfraktion Sachsen sprach sie davon, dass man „in einigen Jahrzehnten etwas differenzierter

---

82 Vgl. das Wahlprogramm der AfD (Fußnote 62)
83 Hensel/Finkbeiner (2017), S. 18

argumentieren wird über den Zweiten Weltkrieg, ähnlich wie beim Ersten Weltkrieg nicht nur aus der Sicht der Sieger"[84]. Auf dem Kölner Parteitag im Frühjahr 2017 brachte sie dagegen einen Antrag ein, der sich gegen eine „rassistische, antisemitische, völkische und nationalistische Ideologie" wandte. Intellektuell ist ein solcher Positionswechsel schwer nachvollziehbar. Offenbar ging es eher um eine Instrumentalisierung des Themas „Erinnerungskultur" im innerparteilichen Machtkampf. Dass sie damit bei den Delegierten ebenso wenig Chancen hatte wie mit ihrem „Zukunftsantrag" zu strategischen Ausrichtung der Partei, darf freilich nicht überinterpretiert werden: Zu isoliert war im April 2017 bereits die Stellung der Noch-Parteivorsitzenden.

Ohne Zweifel sind die skizzierten Äußerungen namhafter AfD-Repräsentanten mehr als Einzelstimmen. In den verabschiedeten Programmdokumenten der Bundespartei finden sich solche Formulierungen freilich nicht.

---

84 Ebd., S. 12

AfD und neue Rechte 5

Wenn von den Einflüssen von ganz weit rechts auf die AfD die Rede ist, fallen neben Björn Höcke eine Reihe weiterer Namen: Jürgen Elsässer, die Zeitschriften „Junge Freiheit" und „Compact", Hans-Thomas Tillschneider, Identitäre Bewegung, vor allem aber Götz Kubitschek. Und – natürlich – die Dresdener Protestbewegung „Pegida", die zeitweise auch Ableger in anderen Städten gefunden hat.

Götz Kubitschek hat – zusammen mit Karl-Heinz Weißmann – 2000 ein „Institut für Staatspolitik" gegründet, nach eigener Aussage inspiriert vom Erfolg des Hamburger Instituts für Sozialforschung um Jan Philipp Reentsma[85]. Deutschland befinde sich in einer Krise, weil das Land im Zuge der Kulturrevolution von 1968 den Rest seines politischen Selbstbehauptungswillens verloren habe, schrieb er damals. Mit Vorträgen und Tagungen, Akademien, Blogs und Publikationen arbeitet er seither gegen die vermeintliche Hegemonie der „Linken und Gutmenschen". Kubitschek ist in der rechtsintellektuellen Szene gut vernetzt, gilt als Leitfigur und steht seit langem in engem persönlichen Kontakt mit Höcke, der auch häufiger bei den Veranstaltungen des IFS aufgetreten ist. Dass Kubitschek bei der Entstehung der „Erfurter Erklärung" eine Rolle gespielt hat, muss wohl als gesichert gelten.

In den 1990er Jahren hat Kubitschek für die Wochenzeitschrift „Die Junge Freiheit" gearbeitet, die bereits seit 1986 existiert und von Dieter Stein gegründet wurde, der das Blatt noch heute prägt. 2012 gerieten Kubitschek und Stein über die

---

85 Vgl. Speit (2016), S. 117. Kubitschek, der im thüringischen Schnellroda auf einem ehemaligen Gutshof wohnt, unterhält enge Beziehungen zu Höcke, Poggenburg u. Tillschneider. Alle Beteiligten dementieren jedoch eine Mentorenrolle Kubitscheks. Höcke hat sich ausdrücklich von dessen Befürwortung präsidialer Systeme, wie sie Carl Schmitt in der Spätphase der Weimarer Republik vertreten hat, distanziert. Nach der Einschätzung des Bundesamts für Verfassungsschutz arbeitet Kubitschek an der „Intellektualisierung des Rechtsextremismus" – eine Einschätzung, der Bender widerspricht: Kein Neonazi identifiziere sich mit der sog. „Wimmer-Fahne" der Attentäter des 20. Juli 1944. Vgl. Bender (2017), S. 97ff.

Abgrenzung vom NPD-nahen Spektrum aneinander, auf die Stein und die „Junge Freiheit" Wert legten. Die Zeitschrift vertritt eine dezidiert konservativ-nationale Richtung, betont aber zugleich die Abgrenzung vom Rechtsextremismus. 2005 war sie mit ihrer Klage gegen die Erwähnung in Verfassungsschutzberichten vor dem Bundesverfassungsgericht erfolgreich. Ihre Auflage soll derzeit bei 35.000 Exemplaren liegen[86].

Für die Junge Freiheit bildet die AfD einen zentralen politisch-publizistischen Bezugspunkt. Während Stein die Abgrenzung von der rechtsradikalen Szene sucht, wirft Kubitschek ihm vor, allzu sehr um Anpassung bemüht zu sein.

Seit 2012 macht eine „Identitäre Bewegung Deutschland" von sich reden. Mit Aktionsformen, die eher an das Arsenal linker Bewegungen erinnern, will sie „gegen den eigenen Identitätsverlust, gegen unseren demographischen und kulturellen Verfall" angehen und greift dabei auch auf Elemente aus der Popkultur zurück. Sie betont, dass sie rassistische Vorstellungen ablehne. Keine Ethnie sei höherwertiger als eine andere. Gerade deshalb aber müsse die Multikulti-Vermischung beendet werden: „Wir stellen uns gegen einen abstrakten, weltfremden Menschenbegriff, der ihn nur als degenerierte kultur- und geschlechtslose, internationale Ware betrachtet…anstatt ihn in seiner Ganzheit, als Erbe und Träger einer bestimmten Identität zu betrachten"[87].

Auch für die „Identitären" ist die AfD interessant. Das gilt besonders für die Jugendorganisation „Junge Alternative". Ob und wie weit direkte politische Verbindungslinien zwischen beiden bestehen, ist umstritten. Entsprechende Meldungen in den Medien wurden von der AfD-Parteijugend in Baden-Württemberg zurückgewiesen[88].

Der aus dem linken Milieu stammende Jürgen Elsässer gilt als einflussreiche und gut vernetzte Leitfigur im rechten Spektrum. Sein seit 2010 erscheinendes Magazin „Compact" soll nach eigenen Angaben 2016 eine Auflage von 80.000 Exemplaren erreicht haben. „Der Euro ist die Abrissbirne für Europa. Weitere Zuwanderung ist nicht verkraftbar", meint Elsässer, der „links" und „rechts" für überholte Begriffe hält. Der Ton der Zeitschrift ist salopp und drastisch, was offenbar ankommt. Im Internet will das Magazin zwei Millionen Website-Besucher im Monat haben. Thema ist aber auch schon mal die „verheimlichte Ermordung von Hitlers Stellvertreter Rudolf Hess in der Haftanstalt Berlin-Spandau"[89].

---

86   Ebd., S. 160
87   Ebd., S. 165
88   Zur „identitären Bewegung" vgl. Speit (2016), S. 163 sowie Wagner (2017), S. 194ff.
89   Speit (2016), S. 239ff.

5 AfD und neue Rechte

Der Sprecher der „Patriotischen Plattform", der Islamwissenschaftler und Landtagsabgeordnete Hans-Thomas Tillschneider, war einer der ersten AfD-Politiker, die auf einer Pegida-Veranstaltung als Redner auftrat und um Schulterschluss bemüht war. Das Auftreten der Pegida-Bewegung, die in Dresden bald ein Massenpublikum erreichte und bis heute aktiv ist, hat in der AfD sehr unterschiedliche Reaktionen ausgelöst. Was für Alexander Gauland im Herbst 2014 eine „Graswurzelbewegung" war, löste bei anderen AfD-Politikern Befürchtungen vor „ausländerfeindlichen" oder „rassistischen" Tönen in dieser Bewegung aus.

Diese Unterschiede hatten freilich auch mit den unterschiedlichen Erscheinungsformen zu tun, die Pegida zu verschiedenen Zeitpunkten annahm. Die Pegida-Untersuchung von Vorländer u. a. spricht davon, dass die Bewegung in ihrer Hochphase um die Jahreswende 2014/2015 mehrheitlich keine Bewegung von Rechtsextremisten, Ausländer- und Islamfeinden gewesen sei. Der nach der Spaltung von Pegida Anfang 2015 verbliebene Rest müsse aber deutlich weiter rechts im politischen Spektrum eingeordnet werden.[90] Dies entspricht auch dem Eindruck, den der Verfasser selbst bei einer Pegida-Veranstaltung im Februar 2017 in Dresden gewonnen hat. Die beiden sächsischen AfD-Landtagsabgeordneten, mit denen wir am folgenden Tag sprechen konnten, distanzierten sich scharf von PEGIDA.

Insoweit wäre das widersprüchliche Verhältnis der AfD zu Pegida auch eine Folge der Entwicklung der Protestbewegung selbst nach den hetzerischen und justiziablen Ausfällen ihres Organisators Lutz Bachmann gegen Flüchtlinge („Dreckspack") im Internet[91]. 2016 hat der AfD-Bundesvorstand sogar ein formelles Verbot der Zusammenarbeit beschlossen. Danach sollen AfD-Mitglieder weder als Redner noch mit Parteisymbolen auf Pegida-Veranstaltungen auftreten.

Dieses Kooperationsverbot ist freilich innerparteilich umstritten und wird auch nicht immer befolgt. Während Parteivize Pazderski noch im Februar 2018 erklärte, dass, „solange Herr Bachmann das Gesicht von Pegida-Dresden ist", es keine Zusammenarbeit geben dürfe, forderte André Poggenburg eine Aufhebung des Verbots. Auch Alexander Gauland und Jörg Meuthen ließen verlauten, dass sie sich eine Annäherung vorstellen könnten, wenn Pegida nicht mehr Lutz Bachmann „ins Schaufenster" stelle. Wieder einmal sorgt die Abgrenzung nach rechts für innerparteilichen Konfliktstoff[92]. Inzwischen ist Poggenburg von seinen Führungsämtern in Sachsen-Anhalt zurückgetreten. Sein Auftritt am politischen Aschermittwoch, in dem er die Türken in der Bundesrepublik mit Begriffen wie

---

90 Vgl. Vorländer/Herold/Schäller (2016)
91 Zum Verhältnis der AfD zu PEGIDA vgl. Speit (2016), S. 190ff.; vgl. auch die Beiträge von Korsch (2016), S. 111ff. bzw. S. 135ff.; siehe auch Cakir (2016), S. 149ff.
92 Vgl. dpa vom 20.2.2018 sowie FAZ vom 22.2.2018

„Kümmelhändler" und „Kameltreiber" tituliert hatte, ging auch den meisten ostdeutschen AfD-Funktionären zu weit. Es kann nicht verwundern, dass der Erfolg einer neuen Partei rechts von der Union auf die versprengten Zirkel rechter Gruppen eine besondere Sogwirkung auslöst. Dies gilt erst recht für den Teil der rechten Szene, die im Schnittpunkt zwischen nationalkonservativen und radikaleren Vorstellungen angesiedelt und auf Abgrenzung zum „rechten Narrensaum" bedacht ist. Erschwert wird dies durch die verbreitete Undifferenziertheit in der Auseinandersetzung mit rechten Strömungen. Man mag bezweifeln, ob sich Kubitschek mit seinen Sympathien für Martin Heidegger, Ernst Jünger und Carl Schmitt noch innerhalb des demokratischen Spektrums bewegt. Ein Neonazi aber ist er sicher nicht. Auch deshalb lässt sich die Frage, wie erfolgreich die Einflussversuche einer neuen Rechten auf die AfD bislang gewesen sind, nicht wirklich eindeutig beantworten. In den alten Bundesländern ist es die Person des früheren Sloterdijk-Assistenten Marc Jongen, an dem sich einige Aufregung in intellektuellen Milieus festmacht. Der heutige AfD-Funktionär spricht von einer „thymotischen Unterversorgung der Deutschen", die viel zu leidenschaftslos geworden seien, um ihre eigene Kultur gegenüber Fremden zu verteidigen, die ihre Lebensart mit viel größerer Leidenschaft verbreiteten. Offensichtlich aber spielen sie in Ostdeutschland eine größere Rolle als im Westen.

Die Organisationsstruktur der AfD 6

Bereits Ende 2013 konnte die AfD einen Mitgliederbestand von 17.000 vorweisen. 2014 wuchs diese Zahl bis auf 20.000. In der Folge der Parteispaltung verlor die Partei etwa ein Fünftel ihrer Mitglieder; mit der Flüchtlingskrise und ihren Wahlerfolgen konnte sie diesen Verlust aber rasch wieder wettmachen. Im Juli 2017 lag ihre Mitgliederzahl nach eigenen Angaben bei 28.000[93].

Die Binnenstruktur der Partei ist weitgehend nach dem Vorbild der klassischen Parteien in Bundes-, Landes- und Kommunalverbände aufgebaut. Ihre Parteitage führt die AfD mal als Delegiertenversammlung, mal als Mitgliederversammlung durch. Häufiger nutzt sie das Instrument einer Mitgliederbefragung. Neben dem Ende 2017 neu gewählten Bundesvorstand existiert ein „Bundeskonvent", zu dem neben Schatzmeister und vier Vertretern des Bundesvorstands 50 Vertreter aus den Landesverbänden zählen.

Bereits seit 2013 existiert ein Jugendverband „Junge Alternative", der seit November 2015 offiziell als Jugendorganisation der Partei anerkannt ist und 2016 1.000 Mitglieder gehabt haben soll. Inhaltlich profiliert sich die JA eher weiter rechts als die Mutterpartei. Dabei haben verschiedene Studien personelle Verbindungen zu rechten Burschenschaften und zur „Identitären Bewegung" festgestellt[94].

Zumindest zeitweise einflussreich war die „Patriotische Plattform". Über diesen formell von der Partei unabhängigen Verein versuchten seit 2014 vor allem ostdeutsche Parteifunktionäre, stärker nationalkonservative Positionen in die AfD hineinzutragen. Über diese Plattform kam 2015 die „Erfurter Erklärung" zustande, mit der der Konflikt um Lucke seine entscheidende Eskalationsstufe erreichte. Inzwischen soll diese Plattform aber an Bedeutung verloren haben[95].

---

[93] Diese Zahl nennt die AfD selbst für Juli 2017. Vgl. https://afdkompakt.de/2017/07/06/mitgliederzuwachs-ist-so-stark-wie-nie-zuvor, Zugriff am 12.2.2018
[94] Vgl. Herkenhoff (2016), S. 201ff.
[95] Vgl. Hensel/Finkbeiner (2017), S. 15

Eine gewisse Rolle in der Partei spielen auch die „Christen in der AfD", die sich besonders als Anwälte einer klassischen Familienbildes sehen. Sie kritisieren Abtreibungen, Präimplantationsdiagnostik und Sterbehilfe. 2015 gründete sich eine „Interessengemeinschaft Arbeitnehmer in der AfD". Die im gleichen Jahr entstandene „Alternative Vereinigung der Arbeitnehmer", die als Verein außerhalb der Partei organisiert ist, erlangte vor allem durch den Eintritt von Guido Reil aus Essen einige Aufmerksamkeit. Reil war zuvor Ratsherr für die SPD gewesen[96].

Über die finanzielle Lage der Partei liegen nur lückenhafte Informationen vor. Schlagzeilen machte die Partei, als sie versuchte, unter Ausnutzung der bis dahin geltenden Regeln der staatlichen Parteienfinanzierung die Parteieinnahme durch Goldverkäufe aufzubessern, weil die Höhe der staatlichen Zuschüsse bis dahin auch an den Umfang der Einnahmen aus privaten Quellen gebunden war, die die Partei erzielen konnte. Eine Gesetzesänderung hat diese Praxis beendet. Nach Angaben von Bernd Lucke hat die Partei 2014 und 2015 durch den Goldverkauf jeweils etwa zwei Millionen Euro eingenommen[97].

Für 2013 wies die AfD Einnahmen von 7,72 Millionen Euro und Ausgaben von 5,39 Millionen Euro aus. 4,41 Millionen Euro stammten aus Spenden von natürlichen Personen. Als Großspender trat auch Olaf Henkel in Erscheinung, der für den Europawahlkampf der Partei ein Darlehen von einer Million Euro anbot. Aus der mittelständischen Wirtschaft erhielt die Lucke-AfD auch noch weitere Zuwendungen[98].

Mit ihren Wahlerfolgen hat sich die AfD finanziell konsolidiert. Allein ihr Bundestagswahlergebnis sichert der Partei in den nächsten Jahren Zuwendungen aus der staatlichen Parteienfinanzierung, die im zweistelligen Millionenbereich liegen dürften.

Im Unterschied zu anderen rechtspopulistischen Parteien in Europa ist es der AfD bislang nicht gelungen, stabile Führungsstrukturen zu entwickeln. Nachdem sich Frauke Petry mit Hilfe der nationalkonservativen Kräfte im Machtkampf gegen den ungeschickt agierenden Bernd Lucke durchgesetzt hatte, geriet sie selbst bald in heftige Konflikte mit ihren früheren Unterstützern, die bald mehr oder weniger offen ihre Führungsqualitäten anzweifelten. Dabei spielten Rivalitäten mit ihrem Sprecherkollegen Meuthen ebenso eine Rolle wie Petrys Neigung, im Team mit ihrem Lebensgefährten und späteren Ehemann Pretzell aufzutreten (vgl. oben).

Da hier psychologisches Ungeschick und politische Unerfahrenheit offenbar eine große Rolle gespielt haben, verbietet es sich, die Ursache dieser immer wie-

---

96 Ebd., S. 16
97 Speit (2016), S. 110
98 Ebd.

der auftauchenden Konflikte allein in den Auseinandersetzungen verschiedener politischer Strömungen zu suchen. Auch das Fehlen einer echten „Hausmacht" der Führungsfiguren in ihren Landesorganisationen wirkt sich aus. So bleibt den Repräsentanten an der Spitze meist nur das Vertrauen auf eine gewisse Popularität an der Mitgliederbasis, die freilich rasch ins Wanken geraten kann, wenn die lokalen und regionalen Parteieliten mit dem Daumen nach unten zeigen. Inwieweit dabei auch die medialen Profilierungschancen mitwirken, die weniger erfahrenen Politikern leicht das Trugbild einer in Wahrheit gar nicht gefestigten innerparteilichen Popularität vermitteln können, darüber lassen sich nur Vermutungen anstellen.

Jedenfalls erinnern die antiautoritären Neigungen in der AfD-Parteiorganisation, die sich in einer Vielzahl von Querelen und Konflikten niederschlagen, die nicht selten auch die ordentlichen Gerichte beschäftigen, manchmal auch an die schwierige Gründungsgeschichte der Grünen. Obgleich die Partei mit ihrer konservativ-autoritären Prägung als der eigentliche Antipode der grünen Politiktradition betrachtet werden kann, sind strukturelle Parallelen an dieser Stelle kaum zu übersehen.[99]

Über die stärkste politische Autorität und einiges Geschick in den innerparteilichen Auseinandersetzungen verfügt Alexander Gauland. Ob er freilich in der Lage sein kann, die Vielzahl der Konflikte, mit denen er als Partei- wie Fraktionsvorsitzender konfrontiert ist, erfolgreich zu managen, zugleich aber auch echte politische Führungskompetenz zu entwickeln, wird sich noch zeigen müssen. Immerhin besitzt er eine im Vergleich zu seiner Kollegin Alice Weidel deutlich größere politische Erfahrung.

---

99 Bender (2017) hält die Auseinandersetzungen zwischen verschiedenen inhaltlichen Strömungen nicht für die wichtigste Ursache der Dauerquerelen in der AfD, sondern den Antiautoritarismus einer Parteibasis, die für sich grenzenlose Kommunikationsfreiheit und Basisdemokratie in Anspruch nehme. So sei über die ausufernde Internet-Kommunikation ein „digitaler Bürgerkrieg" (S. 67) entstanden. Strukturelle Parallelen zu den frühen Grünen behandelt Bender ausführlich (S. 164ff.).

Das Projekt Mitgliederstudie 7

Wer genaueren Aufschluss darüber gewinnen will, wie weit rechts die AfD einzuordnen ist, wird sich nicht auf die Analyse der Programme und der öffentlichen Einlassungen der Führungsleute beschränken können. Zumal dann, wenn zwischen der Tonlage der Programme und den öffentlichen Reden jedenfalls mancher Exponenten der Partei beträchtliche Unterschiede bestehen (vgl. oben).

Zur Wählerschaft der AfD verfügen wir inzwischen über eine Vielzahl von Informationen. Wir wissen, dass die Rechtspartei in allen sozialen Gruppen Zuspruch findet, wobei Arbeiter und Arbeitslose überproportional vertreten sind. Altersmäßig neigen vor allem die Angehörigen der mittleren Jahrgänge zur Wahl der AfD, während die Altersgruppe über 60 seltener diese Partei wählt. In Ostdeutschland liegt die Unterstützung der AfD deutlich höher als im Westen, in Süddeutschland wählen deutlich mehr Menschen diese Partei als im Norden. Große Unterschiede weist die Wählerstruktur beim Geschlecht auf. Fast zwei Drittel der AfD-Wähler sind Männer[100]. Unter den Gewerkschaftsmitgliedern erreicht die Partei leicht überdurchschnittliche Stimmenanteile.

Viel weniger aber wissen wir über die Mitglieder der AfD. Gerade das aber wäre wichtig, wenn genauer darüber geurteilt werden soll, wie weit rechts die Partei steht. Wer organisiert sich in dieser Partei? Über welchen Bildungsstand verfügen die Mitglieder? Welche politischen Grundorientierungen finden wir bei ihnen? Welche Parteien haben die Mitglieder früher unterstützt? Welche Resonanz finden insbesondere die als „geschichtsrevisionistisch" beurteilten Vorstöße ostdeutscher Parteirepräsentanten? Gibt es an der Parteibasis ein relevantes antisemitisches Potential? Neigen AfD-Mitglieder zur Homophobie? Wie sehen sie den Zustand der deutschen Demokratie?

---

100 Vgl. dazu die Wahlanalysen der Forschungsgruppe Wahlen und von Infratest dimap. Zu den Datengrundlagen vgl. Fußnote 1

© Springer Fachmedien Wiesbaden GmbH, ein Teil von Springer Nature 2018
H. Kleinert, *Die AfD und ihre Mitglieder*,
https://doi.org/10.1007/978-3-658-21716-7_7

Vor diesem Hintergrund ist im Herbst 2016 unser Vorhaben entstanden, ein empirisches Forschungsprojekt zur AfD-Mitgliedschaft durchzuführen. Ziel dieses Projekts sollte es sein, durch Befragung von Mitgliedern von Kreisverbänden der AfD Daten zu ermitteln, die ein genaueres Bild des soziologischen Profils der Mitgliedschaft sowie ihrer politischen Einstellungsmuster und Wertvorstellungen ermöglichen können.

Studien über die Mitglieder politischer Parteien, die nicht nur statistische Daten erheben, sind sozialwissenschaftlich nicht sehr zahlreich. Die Konrad-Adenauer-Stiftung hat unter Leitung von Viola Neu 2015 eine Studie über die CDU-Mitgliedschaft erstellt, die Ende 2017 veröffentlicht wurde[101]. 2014 haben die Göttinger Autoren Felix Butzlaff und Verena Hambauer eine Untersuchung zu Meinungen und Einstellungen der SPD-Mitgliedschaft veröffentlicht[102]. Bereits länger zurück liegt die Entstehung der „Deutschen Parteimitgliederstudie 2009", die unter Leitung von Ulrich von Alemann und Markus Klein entstanden ist. Sie versucht, auf der Basis von Daten aus allen relevanten politischen Parteien eine vergleichende Betrachtung zu ermöglichen[103].

Alle genannten Untersuchungen stellen den Anspruch, repräsentative Aussagen über die Gesamtheit der Mitglieder treffen zu können. Die Studie über die Mitglieder der Union wurde auf der Grundlage eines postalisch versandten Fragebogens erstellt, der an 25.000 Mitglieder verschickt wurde. Ausgewertet wurden 6981 Antwortbögen, was einer Rücklaufquote von 27,9 % entspricht. Ergänzt wurde die Auswertung der Fragebögen durch qualitative Interviews und eine Repräsentativbefragung der deutschen Bevölkerung.

Auch die SPD-Mitgliederbefragung war breit angelegt. Dabei wurden nach dem Zufallsprinzip 5.000 SPD-Mitglieder angeschrieben und gebeten, dem angegebenen Link zur als Online-Befragung projektierten Erhebung zu folgen. 855 haben das getan, was einer Rücklaufquote von 17,1 % entsprach.

Für die „Deutsche Parteimitgliederstudie 2009" wurden insgesamt 17.000 Mitglieder der sechs Bundestagsparteien wurden angeschrieben; 9.000 haben sich beteiligt, was einer sehr hohen Rücklaufquote entspricht. Auch in dieser Untersuchung standen soziologische Daten im Vordergrund. Daneben nahmen die Erforschung der Motive für einen Parteibeitritt, die Aktivierungsbereitschaft u. ä. breiten Raum ein. Fragen zu politischen Einstellungsmustern wurden auch gestellt, dienten aber vor allem als Grundlage für die Verortung der Parteien im politischen Raum, wobei neben der links-rechts-Skala auch eine Verortung entlang

---

101 Vgl. Neu (2017)
102 Vgl. Butzlaff/ Hambauer (2014)
103 Spier et al. (2011)

7 Das Projekt Mitgliederstudie

der soziokulturellen Dimension von Politik zwischen den Polen libertärer und autoritärer Politik versucht wurde[104].

Diese Studien konnten für uns nur in begrenztem Umfang als Vorbild dienen. Zum einen schon wegen der quantitativen Dimension. Für uns kam nur eine exemplarische Untersuchung in Betracht. Im Rahmen unserer Möglichkeiten mussten wir uns auf einzelne Verbände der AfD beschränken. Wir haben uns schließlich für eine Vollerhebung bei zwei hessischen Kreisverbänden aus unterschiedlichen Regionen des Landes entschieden.

Gleichzeitig aber wollten wir ein genaueres Bild von den politischen Einstellungen gewinnen. Das leistet die SPD-Studie gar nicht und die CDU-Mitgliederstudie nur in begrenztem Umfang. Während hier wenigstens einige Fragen zu politischen Einstellungen gestellt wurden, beschränkt sich die Untersuchung zur SPD weitgehend auf die Erfassung soziographischer und demographischer Daten und die Messung der Parteizufriedenheit.

Weil unser wichtigstes Erkenntnisinteresse zudem darin bestand, Aussagen darüber zu ermöglichen, wie weit „rechts" die AfD-Mitglieder tatsächlich stehen und wie breit rechtsradikales Gedankengut an der Basis verankert ist, musste die Befragung tiefer angelegt sein. Beim Versuch, Kriterien für die Messung des rechtsradikalen Potentials zu finden, haben dann neben eigenen Überlegungen auch die sogenannte Leipziger „Mitte-Studie" zu „rechtsextremen Einstellungen in Deutschland" und die Arbeiten von Heitmeyer u. a. eine hilfreiche Rolle gespielt[105].

Schließlich haben wir, d.h. meine Kollegin Julia Weichel, 14 Studierende und ich, in einem ersten Arbeitsschritt einen umfangreichen Fragebogen mit insgesamt 63 Fragen entwickelt.

Gefragt wurde nach der politischen Biographie, früheren Parteipräferenzen, der Selbsteinschätzung auf der links-rechts-Skala, der Einschätzung von 16 deutschen Spitzenpolitikern und der politischen Konkurrenten der AfD. Den eigentlichen Hauptteil des Fragebogens bildeten dann Fragen zu politischen Sachthemen und inhaltlichen Einstellungen. Dabei wurden den Teilnehmern der Befragung nach Themenfeldern gegliederte Aussagen vorgelegt, die sie nach den Antwortkategorien „stimme voll zu", „stimme eher zu", „stimme eher nicht zu" und „stimme gar nicht zu" beurteilen konnten. Gegliedert wurden die Fragen nach neun Themenkomplexen wie z.B. „Innere Sicherheit", „Zuwanderung", „Frauen, Familie und Geschlechterfragen", aber auch „Außenpolitik", „Wirtschaft und Finanzen", „Zustand der

---

104 Spier (2011), S. 121ff., bes. S. 133
105 Vgl. Decker/ Kiess/Brähler (2016.); vgl. auch Wilhelm Heitmeyer, Deutsche Zustände – Folge 10, Frankfurt/M 2011

Demokratie" oder „Deutschland und die Geschichte". Am Ende des Fragebogens standen Fragen zu Alter, Beruf, Geschlecht, Schulbildung und Familienstand. Vor der Durchführung der Befragung wurde ein Pretest durchgeführt. Er ergab, dass für das Ausfüllen des Fragebogens ca. 30 bis 40 Minuten erforderlich sein würden. Wir haben uns dann nach eingehenden Überlegungen entschieden, die Untersuchung als online-Befragung durchzuführen[106]. Damit erschien die notwendige Anonymisierung der Daten besser und einfacher gewährleistet. Der Link zur Befragung wurde den Teilnehmern per E-Mail zugesandt.

Valide Aussagen können demnach nur über die beiden untersuchten Kreisverbände gemacht werden. Immerhin aber sind es zwei mitgliederstarke und einflussreiche Kreisverbände der AfD aus unterschiedlichen Regionen Hessens. Es spricht eher wenig dafür, dass Studien über andere AfD-Kreisverbände zumindest in Westdeutschland zu ganz anderen Ergebnissen führen würden. Im Osten mag das anders sein. Mehr als eine Hypothese aber ist das nicht.

Die Realisierung der Befragung gestaltete sich schwierig. Es war nicht einfach, das Misstrauen der Parteifunktionäre zu zerstreuen, die häufig fürchten, ein solches Forschungsvorhaben diene vornehmlich zur Sammlung von Angriffspunkten gegen ihre Partei. Am Ende aber gelang es, einen Kontakt mit dem Vorsitzenden eines besonders mitgliederstarken hessischen Kreisverbandes aufzubauen und das Misstrauen einigermaßen zu zerstreuen. Darüber entstand die Verbindung zu einem weiteren hessischen Kreisverband.

Schließlich konnte die Befragung als online-Befragung vom 1. bis 5. Dezember 2016 durchgeführt werden. Insgesamt haben 309 Personen den Link erhalten. 41 % der Mitglieder der beiden Kreisverbände haben ihn geöffnet (n=127). 104 haben die Umfrage tatsächlich begonnen, was einer Quote von 34 % entspricht. Neun davon haben sie vorzeitig abgebrochen. Auswertbar blieben 95 Datensätze. Demnach haben wir eine Rücklaufquote von 30,8 % erreicht.

Zur Datenauswertung wurden deskriptive Statistiken zu den verschiedenen Bereichen sowie korrelative Zusammenhänge zwischen einzelnen Aussagen und Bereichen berechnet. Unsere Rücklaufquote übertrifft die Quote vieler vergleichbarer online-Befragungen und liegt über den Quoten, die bei der Befragung von CDU- und SPD-Mitgliedern erreicht wurden.

Nachfolgend werden die Ergebnisse der Befragung im Einzelnen vorgestellt. Die Vorstellung beginnt mit der Darstellung der soziodemographischen Daten, politischen Biographien und Selbstverortungen der befragten AfD-Mitglieder. Daran schließt sich der eigentliche Hauptteil der Ergebnisse an, der die politischen

---

106 Siehe hierzu QuestBack EFS-Enterprise Feedback Suite – EFS Survey 201; zur Vollerhebung Döring/ Bortz (2016), S. 292

Einstellungsmuster zum Gegenstand hat. Es folgt ein Exkurs über das ermittelbare rechtsradikale Potential. Den Abschluss bildet der Versuch, unsere Daten zur Grundlage einer politischen Standortbestimmung der AfD zu nehmen.

Soziodemografische Daten, politische Biographien und politische Selbsteinschätzungen

8

84 % der Befragungsteilnehmer sind Männer, 16 % Frauen. Damit entspricht unsere Befragungsgruppe genau der Geschlechterverteilung in der AfD-Gesamtmitgliedschaft[107]. Hier liegt der Frauenanteil deutlich niedriger als bei allen ihren politischen Konkurrenten. Die CDU etwa hat einen Frauenanteil von 25,9 %, die SPD von 32 %, die FDP von 22,8 %, die Linkspartei von 37,2 % und die Grünen von 38,6 %[108].

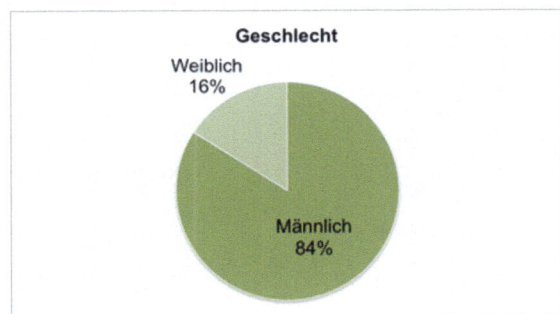

Abb. 1
Geschlecht
Quelle: Eigene Darstellung

---

107 Vgl. Oskar Niedermayer, Parteimitglieder in Deutschland: Version 2016. Arbeitshefte des Otto-Stammer-Zentrums Nr. 26, FU Berlin, Tabelle 16
108 Ebd.

© Springer Fachmedien Wiesbaden GmbH, ein Teil von Springer Nature 2018
H. Kleinert, *Die AfD und ihre Mitglieder*,
https://doi.org/10.1007/978-3-658-21716-7_8

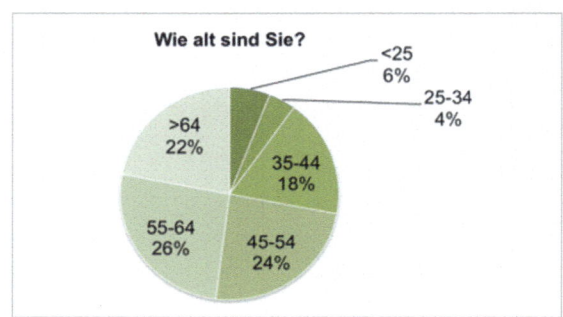

Abb. 2
Alter
Quelle: Eigene Darstellung

26 % der Umfrageteilnehmer gehören zur Altersgruppe zwischen 55 und 64 Jahren, 22 % der Teilnehmer sind älter als 64 Jahre, nur 10 % sind jünger als 35. 6 % sind unter 25, 18 % gehören zur Altersgruppe zwischen 35 und 44. Auch diese Zahlen entsprechen ungefähr den Daten der Bundespartei. Hier sind 20 % der Mitglieder älter als 64. Das besondere Gewicht der Altersgruppe zwischen 55 und 64 übertrifft noch die Stärke dieser Jahrgänge in der CDU und der SPD, wo sie bei 20 % bzw. 23 % liegt[109]. Insgesamt waren 2009 40 % der Parteimitglieder in Deutschland älter als 65 Jahre; in der CDU betrug dieser Anteil sogar 45 %[110]. Inzwischen dürfte der Anteil der Älteren noch etwas höher sein.

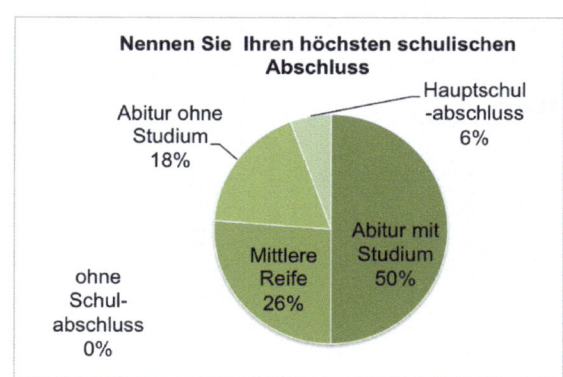

Abb. 3
Bildungsabschluss
Quelle: Eigene Darstellung

---

109 Ebd., S. 21
110 Vgl. Klein (2011), S. 39 ff., hier S. 45

8 Soziodemografische Daten, politische Biographien…

6 % der Teilnehmer haben einen Hauptschulabschluss erworben, 26 % die mittlere Reife. Mehr als zwei Drittel aber haben das Abitur abgelegt, die Hälfte ein Hochschulstudium erfolgreich absolviert. Der Anteil der Hochschulabsolventen liegt damit höher als bei allen anderen Parteien mit Ausnahme der Grünen (2009: CDU 38 %, SPD:37 %, Linke 46 %, Grüne 68 %)[111]. Trotz des höheren Altersdurchschnitts liegt er damit auch weit über dem Durchschnitt der deutschen Bevölkerung. Nach den Zahlen des Statistischen Bundesamtes verfügten 2015 29,5 % der Bundesbürger über einen Hochschulabschluss[112]. 2009 lag der Anteil der Akademiker unter allen Parteimitgliedern in Deutschland bei 39 %[113], ein Wert, den die AfD-Mitglieder der befragten Kreisverbände deutlich übertreffen.

Der Bildungsstand der AfD-Mitglieder unterscheidet sich damit auch deutlich von dem der AfD-Wähler. Nach Infratest dimap konnten 2016 24 % der AfD-Wähler einen Hochschulabschluss vorweisen[114].

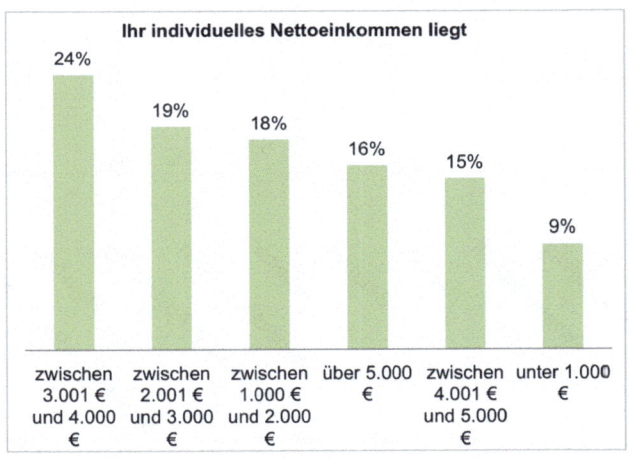

Abb. 4 Monatliches Nettoeinkommen
Quelle: Eigene Darstellung

---

111 Ebd., S. 47
112 Vgl. Statistisches Bundesamt, Bildungsstand 2014, online unter https://www.destatis.de/DE/ZahlenFakten/Gesellschaft/Staat/Bildung/Forschung.html. Zugriff am 2.5.2017
113 Klein (2011), S. 47
114 Verteilung der AfD-Wähler nach Bildungsabschluss 2016, online unter: https://de.statista.com/statistik/daten/studie/606041/umfrage/verteilung-der-afd-waehler-nach-bildungsabschluss. Zugriff am 2.5.2017

Materiell sind die Umfrageteilnehmer relativ gut gestellt. 18 % verdienen monatlich zwischen 1000-2000 Euro, 19 % bis 2000–3000 Euro, 24 % bis 3000–4000 Euro, 15 % von 4001–5000 Euro. 16 % der Teilnehmer geben sogar ein Nettomonatseinkommen von über 5000 Euro an. Nur 9 % liegen unter 1000 Euro.

Ein knappes Drittel der AfD-Mitglieder hat demnach ein monatliches Nettoeinkommen von über 4.000 Euro zur Verfügung. Nach Butzloff/Hambauer trifft dies nur auf 10 % der SPD-Mitglieder zu[115]. 11 % der SPD-Mitglieder verfügen über weniger als 1.000 Euro.

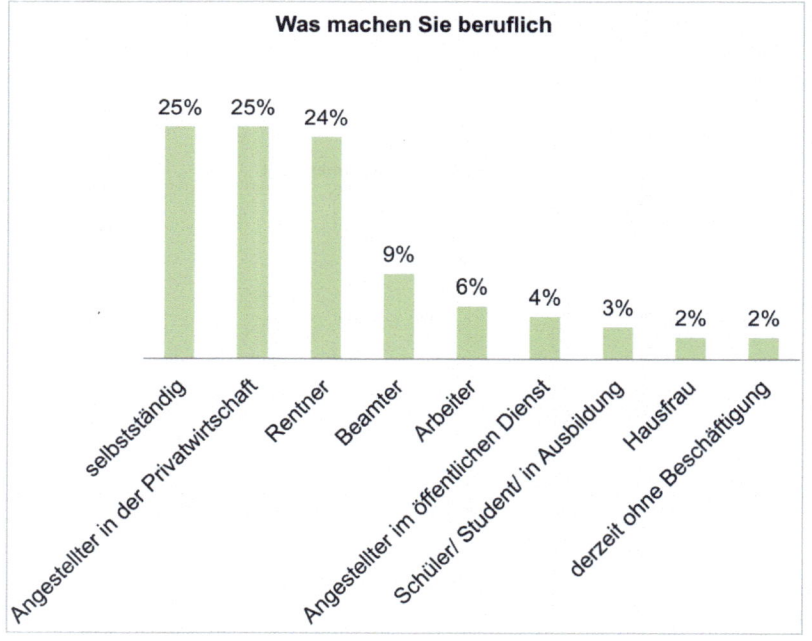

Abb. 5 Berufliche Tätigkeit
Quelle: Eigene Darstellung

---

115 Vgl. Butzlaff/Hambauer (2014), S. 5

Mit 25 % ist der größte Anteil unter den Befragten als Selbständige tätig, 25 % in der freien Wirtschaft angestellt. 24 % sind Rentner oder Pensionäre, 13 % als Beamte oder Angestellte im Öffentlichen Dienst beschäftigt. 6 % bezeichnen sich als Arbeiter.

Die Berufsstruktur der AfD-Mitglieder in den untersuchten Kreisverbänden unterscheidet sich demnach erheblich von der in der CDU-Mitgliedschaft. Nach der jüngsten Mitgliederstudie liegt der Anteil der Selbständigen dort bei 11 %, 4 % sind als Freiberufler tätig. Während der Anteil von Selbständigen und Freiberufler demnach nur wenig mehr als halb so groß ist wie ihr Anteil in der AfD-Mitgliedschaft, verhält es sich bei den Angehörigen des Öffentlichen Dienstes genau umgekehrt. 28 % der CDU-Mitglieder sind Mitarbeiter im Staatsdienst, wobei 80 % gehobene Funktionen innehaben. 5 % der CDU-Mitglieder sind Arbeiter[116].

Nach der Parteimitgliederstudie von 2009 waren sogar 35 % der Parteimitglieder im Öffentlichen Dienst beschäftigt, wobei die Grünen mit 45 % und die SPD mit 42 % die höchsten Anteile aufwiesen[117]. Der Anteil der Beschäftigten des Öffentlichen Dienstes ist demnach unter den untersuchten AfD-Mitgliedern weit unterdurchschnittlich, während die Selbständigen deutlich überrepräsentiert sind.

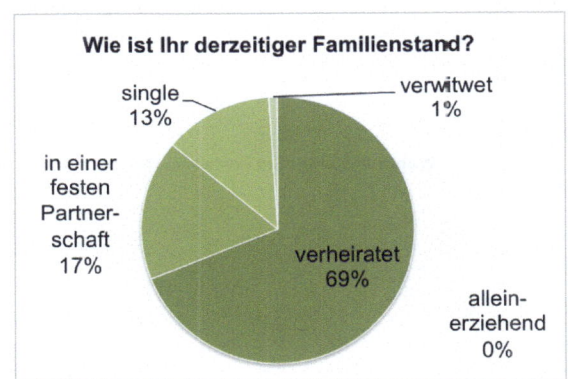

Abb. 6
Familienstand
Quelle: Eigene Darstellung

68 % der Befragten sind verheiratet, weitere 17 % der Befragten leben in einer festen Partnerschaft. 14 % der Teilnehmer sind Singles, 1 % verwitwet. Alleinerziehende sind in der Befragungsgruppe nicht vertreten. Diese Befunde entsprechen in etwa den Ergebnissen der Studie über die Mitgliedschaft der SPD (64 % verheiratet, 13 %

---

116 Neu (2017), S. 62
117 Klein (2011), S. 50

feste Partnerschaft), der hohe Prozentsatz verheirateter Teilnehmer korreliert mit der Altersverteilung innerhalb der befragten Gruppe[118].

Abb. 7 Kinderanzahl
Quelle: Eigene Darstellung

51 % haben ein bis zwei, 21 % mehr als zwei Kinder. 28 % sind kinderlos. Mit mehr als einem Fünftel liegt der Anteil Kinderreicher über dem gesellschaftlichen Durchschnitt.

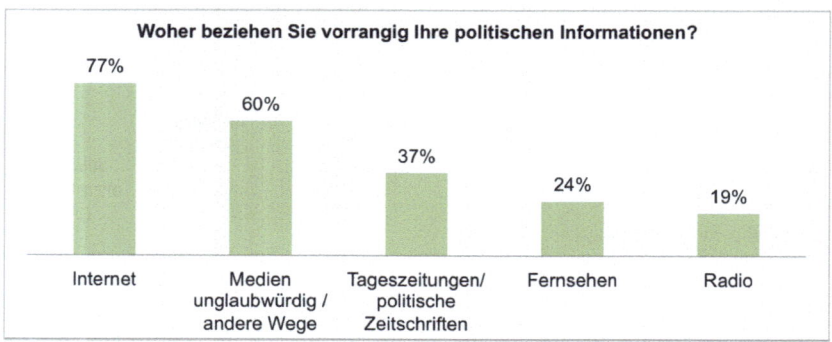

Abb. 8 Bezug politischer Informationen
Quelle: Eigene Darstellung

---

118 Butzlaff/Hambauer (2014), S. 5

Bei Auswahl und Einschätzung der Medien waren Mehrfachnennungen erlaubt. Dabei fällt die besondere Bedeutung des Internet auf. Dass sich 77 % der Teilnehmer politische Informationen vorrangig über das Internet beschaffen, ist angesichts des Altersdurchschnitts der Befragten erstaunlich. Eine Erklärung dafür liefert der überaus hohe Prozentsatz derer, die die klassischen Medien als politische Informationsquelle für unglaubwürdig halten. In der schon mehrfach zitierten SPD-Mitgliederstudie liegt demgegenüber der Anteil derer, die das Fernsehen als wichtigste Informationsquelle nennen, doppelt so hoch und spielt das Internet eine deutlich geringere Rolle[119]. Zu ähnlichen Ergebnissen kommt auch die CDU-Mitgliederstudie. Auch unter den CDU-Mitgliedern sind Tageszeitungen und das Fernsehen noch immer das führende Informationsmedium, während das Internet eine nachrangige Bedeutung besitzt[120].

Waren Sie früher schon einmal Mitglied in einer Partei? Wenn ja, in welcher?

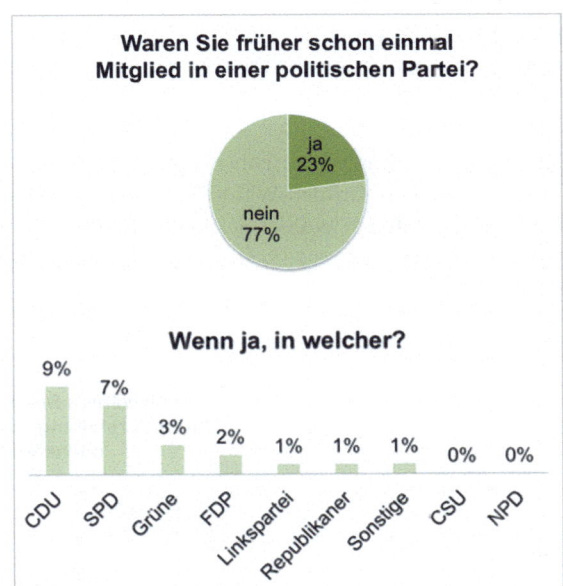

Abb. 9
Parteimitgliedschaft
Quelle: Eigene Darstellung

---

119 Ebd., S. 9/10 sowie S. 27
120 Neu (2017), S. 41

23 % der Befragten sind früher bereits einmal Mitglied einer anderen Partei gewesen. Etwa 40 % davon hatten sich in der CDU organisiert, ein Drittel in der SPD. Auch frühere Mitglieder anderer Parteien sind vertreten, sogar drei Ex-Grüne. Ein AFD-Mitglied hat früher den Republikanern angehört, dagegen niemand der NPD.

Als es die AfD noch nicht gab, welche Partei haben Sie damals gewählt bzw. überwiegend gewählt?

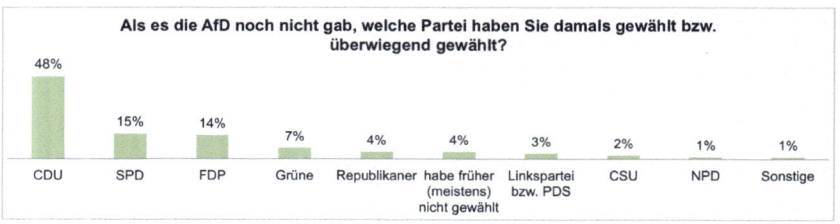

Abb. 10 Gewählte Partei
Quelle: Eigene Darstellung

Die Hälfte der Befragten hat früher CDU und CSU gewählt, 15 % die SPD, 14 % die FDP. Auch frühere Grünen-Wähler sind relevant vertreten. Ihre Zahl liegt noch über der der früheren Wähler der Republikaner. Nur ein Befragungsteilnehmer gibt eine frühere Präferenz für die NPD an. Sehr gering ist der Anteil ehemaliger Nichtwähler.

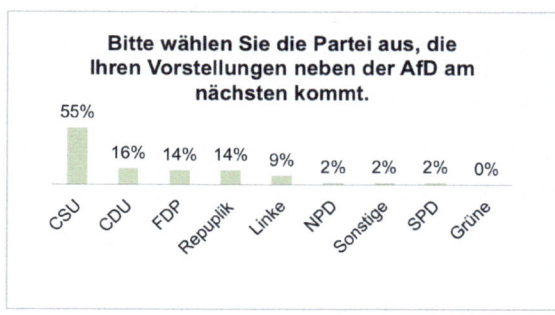

Abb. 11
Welche Partei kommt der AfD am nächsten?
Quelle: Eigene Darstellung

8 Soziodemografische Daten, politische Biographien...

Abb. 12 Welche Partei ist am weitesten von AfD entfernt?
Quelle: Eigene Darstellung

55 % der Befragten nennen die CSU als „Zweitpräferenz", 16 % die CDU. Dahinter liegen die FDP und die Republikaner, gefolgt von der Linkspartei. Die SPD dagegen wird nur von zwei Befragten genannt und liegt damit gleichauf mit der NPD. Niemand nennt die Grünen.

Dagegen betrachtet mehr als die Hälfte der Befragten die Grünen als die Partei, die am weitesten von den eigenen Vorstellungen entfernt ist. Auch die Linken liegen bei 28 % relativ weit entfernt von den Ansichten der Befragten. Erst danach folgt die NPD vor der SPD und den Republikanern (bei diesen beiden Fragen waren Mehrfachnennungen möglich).

Viele Menschen verwenden Begriffe „rechts" und „links", wenn es darum geht, unterschiedliche politische Einstellungen zu kennzeichnen. Wenn Sie an Ihre politischen Ansichten denken, wo würden Sie diese Ansichten auf einer Skala von 1 bis 10 einstufen, wobei 1=links und 10=rechts bedeutet?

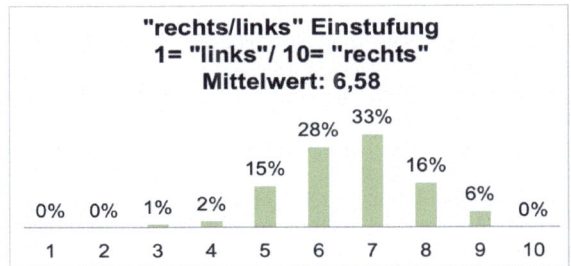

Abb. 13 „rechts/links" Einstufung
Quelle: Eigene Darstellung

89 Personen haben eine Selbsteinstufung auf der links-rechts-Achse vorgenommen. Da wir eine Skala von 1 bis 10 angeboten haben, liegt der Mittelwert bei 5,5. Nur 3 % der Befragten verorten sich selbst links von der Mitte, 43 % stufen sich auf den Mittelrängen 5 und 6 ein. Die Hälfte der Befragten sieht sich deutlich rechts von der Mitte, 6 % sogar im rechten Randbereich. Daraus ergibt sich ein Durchschnittswert von 6,58. Im Durchschnitt sehen sich die AfD-Mitglieder demnach ein Stück rechts von der Mitte. Die Bürger insgesamt dagegen verorten die AfD deutlich weiter rechts. Ende 2015 wurde sie im Durchschnitt bei 8,3 eingestuft[121]. Dabei ist die Schere zwischen Selbst- und Fremdeinstufung der AFD seit 2014 erheblich gewachsen.

Aufschlussreich ist auch hier der Vergleich zur Mitgliedschaft der CDU. Auf einer Skala von 1 bis 11 stuften sie sich 2015 im Durchschnitt bei 7,2 ein, was umgerechnet auf die Skala von 1 bis 10 etwa einen Wert von 6,4 ergibt. Demnach läge sie in der Selbsteinschätzung gar nicht weit von den AfD-Mitgliedern entfernt. Interessant ist freilich dabei, dass die Selbsteinschätzung der individuellen Grundpositionen der CDU-Mitglieder deutlich rechts von ihrer Einstufung der CDU als Partei liegt. Umgerechnet auf eine Skala von 1 bis 10 liegt diese bei 5,8. Ähnlich wird die CDU von der Gesamtbevölkerung bewertet. Während die CDU im Urteil der Deutschen deutlich linker eingestuft wird als es der Selbstverortung ihrer Parteimitglieder entspricht, verhält es sich in der AfD-Mitgliedschaft gerade umgekehrt[122].

---

121 Infratest dimap, November 2015, AfD rückt nach rechts, CDU nach links, onli-ne unter: https://www.infratest-dimap.de/uploads/media/LinksRechts_Nov2015_01.pdf. Zugriff am 2.5.2017

122 „Aus der Perspektive der CDU-Mitglieder befindet sich hingegen die CDU als Partei deutlich links von der eigenen Position" (Neu, CDU-Mitgliederstudie, S. 12). Die CDU-Mitgliederstudie verwendet eine Rechts-Links-Skala, die von 1 bis 11 reicht (1=ganz links, 11=ganz rechts). Rechnet man die ermittelten Werte auf unsere Skala um, die von 1 bis 10 reicht, dann sieht sich die Bevölkerung im Durchschnitt selbst bei etwa 5,2, die CDU bei 6,1 bis 6,2. Die CDU-Wähler sehen die CDU fast genauso, sich selbst dagegen leicht links davon. Die CDU-Mitglieder dagegen sehen die CDU ein gutes Stück weiter links (etwa bei 5,7), während sie sich selbst weiter rechts einstufen (etwa bei 6,5). Aus unseren Zahlen lassen sich drei Schlüsse ziehen: 1. Die Differenz zwischen der Selbsteinschätzung der AfD-Mitglieder und der Einstufung ihrer Partei durch die Bevölkerung ist außergewöhnlich groß (6,6 gegen 8,3). 2. Die CDU-Mitglieder stufen sich selbst deutlich weiter rechts ein als ihre Partei. 3. In der Selbsteinschätzung der Parteimitglieder existieren zwischen Union und AfD auf der Rechts-Links-Skala nur geringe Unterschiede.

In der Selbstverortung von 2009 stufte sich die CDU-Mitgliedschaft bei 6,5 ein, während die SPD-Mitglieder bei 3,4, die der Grünen bei 3,0 lagen. Der Durchschnittswert der Gesamtbevölkerung war hier bei 4,9[123].

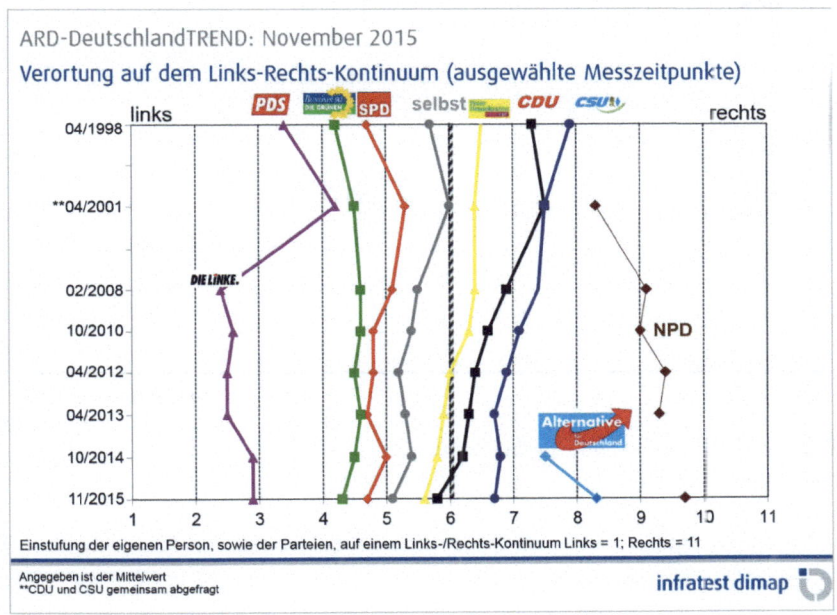

Abb. 14 Verortung auf Links-Rechts-Kontinuum – Messzeitpunkte
Quelle: Infratest dimap

---

123 Spier (2011), S. 129

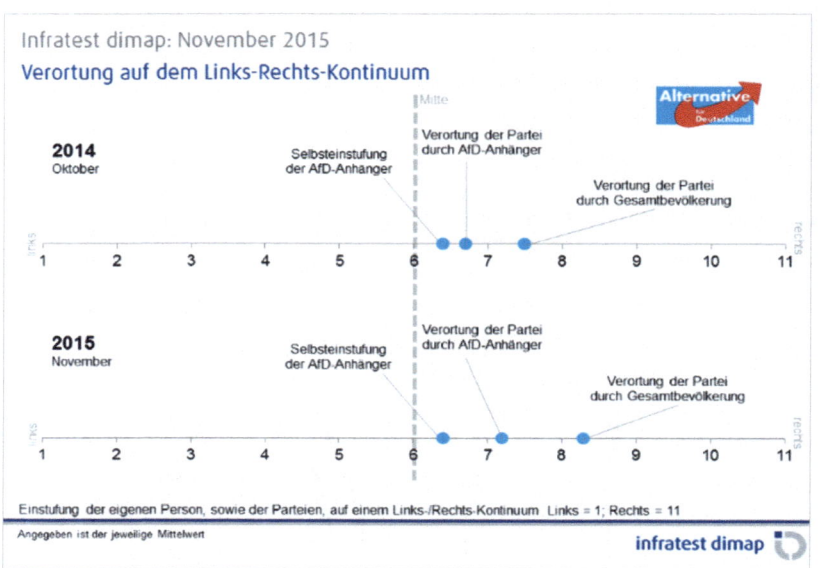

Abb. 15 Verortung auf Links-Rechts-Kontinuum
Quelle: Infratest dimap

Wie würden Sie die folgenden Politiker auf einer Skala von -5 bis +5 bewerten?

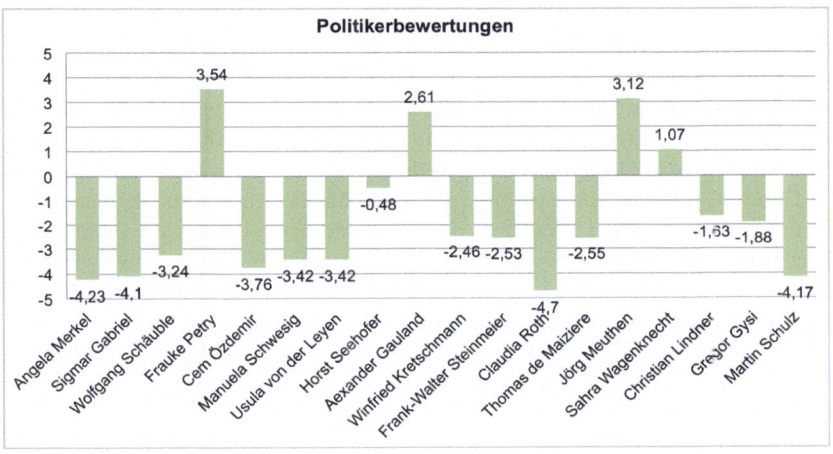

Abb. 16 Politikerbewertungen
Quelle: Eigene Darstellung

Eine eindeutig positive Bewertung vergeben die AfD-Mitglieder nur an die Politiker der eigenen Partei. Frauke Petry erreicht einen Wert von 3,54, Jörg Meuthen 3,12, Alexander Gauland 2,61 Punkte. In diesen Ergebnissen spiegelt sich das Selbstverständnis einer fundamentaloppositionellen Anti-Establishment-Partei wider, die den Repräsentanten aller anderen Parteien äußerst distanziert gegenübersteht.

Nur eine einzige Politikerin der anderen Parteien wird davon ausgenommen. Die Frontfrau der Linkspartei, Sarah Wagenknecht, erhält mit 1,07 eine Bewertung, die angesichts der fast durchweg sehr negativen Einstufungen der politischen Gegner völlig aus dem Rahmen fällt. Sie liegt damit sogar 1,5 Punkte vor Horst Seehofer. Dass die Einstufung von Sarah Wagenknecht nicht pauschal auch für die Linkspartei gilt, zeigt das Abschneiden von Gregor Gysi, der fast drei Punkte hinter ihr rangiert. Offensichtlich sind ihre kritischen Äußerungen zur Flüchtlingspolitik, die in ihrer eigenen Partei sehr kontrovers aufgenommen wurden, in der AfD genau registriert worden.

Mit dieser Bewertung wird Sarah Wagenknecht von den Befragten deutlich besser eingeschätzt als von der Gesamtbevölkerung. Im ZDF-Politbarometer vom März 2017 etwa lag sie dort bei -0,3[124].

Ganz schlecht wird nicht nur Angela Merkel bewertet. Auch die damaligen Spitzenleute der SPD, Siegmar Gabriel und Martin Schulz, kommen ähnlich schlecht weg. Die Unterschiede zur Gesamtbevölkerung sind hier gewaltig. Im Politbarometer im März 2017 erhielten Angela Merkel die Bewertungen 1,8, Martin Schulz 1,7 und Sigmar Gabriel 1,0. Die Differenz betrug demnach ganze sechs bzw. fünf Punkte[125].

Die äußerst negative Einstufung von Angela Merkel wird nur noch übertroffen von Claudia Roth. Über 90 % der Umfrageteilnehmer geben ihr die schlechteste überhaupt zu vergebende Note. Niemand stuft sie besser ein als -2, während ihr Parteifreund Kretschmann immerhin auf 12 % positive und 15 % mittlere Bewertungen kommt. Man wird das wohl ein Feindbild nennen müssen.

Auch die Ablehnung der Bundeskanzlerin ist fast einhellig. Zwei Drittel der Befragten geben ihr die schlechteste aller möglichen Bewertungen, nur vier Einstufungen liegen im mittleren und positiven Bereich.

---

124 Politbarometer vom 10.3.2017. Online unter: https://www.zdf.de/politik/politbarometer/bilder/grafiken-des-politbarometers-vom-10-maerz-100.html, Zugriff am 2.5.2017
125 Ebd.

Politische Einstellungsmuster 9

Der Hauptteil des Fragebogens diente der Erfassung politischer Grundeinstellungen. Dabei sind den Teilnehmern 51 Fragen aus insgesamt neun Themenblöcken vorgelegt worden: Innere Sicherheit, Zuwanderung, Wirtschaft und Finanzen, Sozialstaat und soziale Sicherung, Frauen-, Familien- und Geschlechterpolitik, Außenpolitik, Deutschland und die Geschichte, Zustand der Demokratie, Natur und Umwelt.

In der Regel haben 89 oder 90 Umfrageteilnehmer auswertbare Antworten gegeben, in einzelnen Fällen lag die Zahl darunter. Die niedrigste Zahl der Antworten lag bei 85 und betrifft die beiden Fragen zum Einfluss des Judentums und zu den Problemen der Juden heute in Europa. Auch diese Mindestzahl aber entspricht noch einer Rücklaufquote von 28,5 %.

9.1 Innere Sicherheit

Unser Land hat sich zu einem Land entwickelt, in dem Frauen abends nicht im Dunkeln auf die Straße gehen können, ohne befürchten zu müssen, von Asylbewerbern belästigt oder begrapscht zu werden.

50 % der Befragten stimmen voll, 46 % teilweise zu. Das Meinungsbild ist also ausgesprochen homogen.

Repräsentative Befragungen der Gesamtbevölkerung aus den letzten Jahren zeigen, dass sich auch das Sicherheitsgefühl der Gesamtbevölkerung verändert hat. 34 % der befragten Frauen fühlen sich in der Folge der hohen Zuwanderungsraten unsicherer, 62 % geben an, Spaziergänge insbesondere in den Abendstunden zu

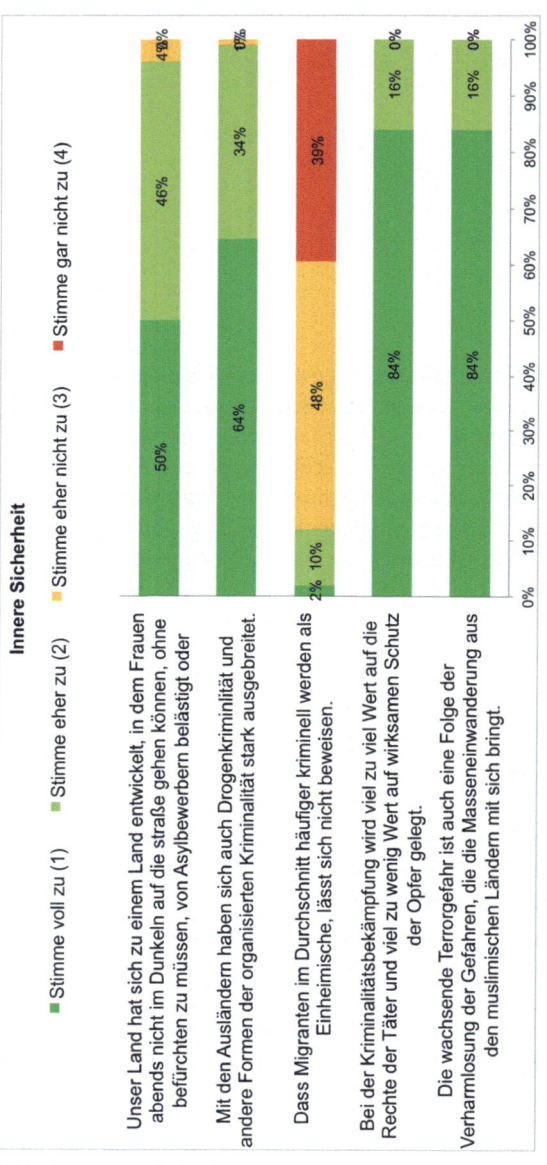

Abb. 17 Innere Sicherheit
Quelle: Eigene Darstellung

meiden. Als Gründe werden am häufigsten Ausländer und Flüchtlinge genannt. Nur 37 % der Frauen fühlten sich „weitgehend sicher" gegenüber sexuellen Übergriffen[126]. Demnach ist die Problemsicht der AfD-Mitglieder auch in beträchtlichen Teilen der Gesamtbevölkerung in ähnlicher Form vorhanden. Allerdings ist davon auszugehen, dass die Dramatik der Problemwahrnehmung in dieser pauschalen Form von der Gesamtbevölkerung mehrheitlich eher nicht geteilt wird.

Mit den Ausländern haben sich auch Drogenkriminalität und andere Formen der organisierten Kriminalität stark ausgebreitet.

Auch hier ist das Antwortverhalten einheitlich. 64 % stimmen voll, 34 % eher zu. Die Auffassungen der AfD-Mitglieder entsprechen hier den Sichtweisen einer knappen Mehrheit der Bevölkerung, die davon ausgeht, dass der Flüchtlingszustrom zu einer Erhöhung der Kriminalität führt. Dafür spricht z. B. eine Umfrage der Forschungsgruppe Wahlen aus dem November 2016, nach der 51 % der Befragten davon ausgingen, dass die Flüchtlinge einen Anstieg der Kriminalität verursachen würden[127]

Dass Migranten im Durchschnitt häufiger kriminell werden als Einheimische, lässt sich nicht beweisen.

Hier werden die AfD-Mitglieder mit einer Aussage konfrontiert, die mit ihren Wahrnehmungen kontrastiert und als „entlastendes" Gegenargument in den Debatten um Zuwanderung Verwendung findet. Entsprechend stimmen 87 % entweder gar nicht oder „eher nicht" zu. Angesichts der Geschlossenheit und Einheitlichkeit der Auffassungen zu den vermeintlich negativen Konsequenzen der Zuwanderung für die Innere Sicherheit ist es fast überraschend, dass ungefähr die Hälfte der Befragten die Aussage nur mit Einschränkung zurückweisen und 13 % sogar eher zustimmen. Die Hälfte der Befragten scheint gewisse Restzweifel zu besitzen, ob ihr Urteil über die Gefährdung der Inneren Sicherheit durch die Flüchtlinge in jeder Hinsicht zutrifft.

Die offiziellen Kriminalitätsstatistiken weisen aus, dass mit dem Anstieg der Flüchtlingszahlen seit 2015 auch die Zahl der tatverdächtigen Zuwanderer deutlich angestiegen ist. Für 2016 wird dieser Anstieg vom Bundeskriminalamt mit 42 %

---

126 Vgl. NDR, Deutsche fühlen sich trotz Zuwanderung sicher – doch die Sorgen steigen, 2017, online unter: https://www.ndr.de/der_ndr/presse/mitteilungen/Umfrage-Deutsche-fuehlen-sich-trotz-Zuwanderung-sicher-doch-die-Sorgen-steigen, 18152.html, Zugriff am 3.5.2017
127 Vgl. ZDF-online, Mehr Ausländer, mehr Kriminalität, online unter: https://www.zdf.de/dokumentation/zdfzeit/bilder/mehr-auslaender-mehr-kriminalitaet-umfrageergebnisse-100.hmtl., Zugriff am 29.4.2017

angegeben[128]. Im Bereich der Jugendkriminalität ist die Zahl der Delikte insgesamt rückläufig, während der Anteil von Migranten deutlich zugenommen hat[129].

Bei der Kriminalitätsbekämpfung wird viel zu viel Wert auf die Rechte der Täter und viel zu wenig Wert auf wirksamen Schutz der Opfer gelegt.

84 % der Befragten stimmen dieser Aussage voll, 16 % stimmen ihr eher zu. Soweit hier Vergleichsstudien vorliegen, kann davon ausgegangen werden, dass die AfD-Mitglieder hier mit der Problemwahrnehmung der Mehrheitsgesellschaft übereinstimmen. 94 % der Deutschen halten mehr Opferschutz für eine zentrale Voraussetzung eines funktionierenden Rechtsstaates[130].

Die wachsende Terrorgefahr ist auch eine Folge der Verharmlosung der Gefahren, die die Masseneinwanderung aus den muslimischen Ländern mit sich bringt.

Auch hier sind sich die Befragten einig; 84 % stimmen voll, 16 % eher zu. Dabei liegt die Problemsicht der AfD-Mitgliedschaft nicht weit von den Empfindungen einer Mehrheit im Lande entfernt. 2016 vertraten 61 % die Auffassung, dass die Gefahr terroristischer Anschläge mit den Flüchtlingen gestiegen sei[131].

Insgesamt zeigen die Antworten zu diesem Themenfeld ein sehr hohes Maß an Homogenität. Nahezu die gesamte AfD-Mitgliedschaft der befragten Kreisverbände sieht einen unmittelbaren Zusammenhang zwischen hohen Zuwanderungsraten und einer wachsenden Gefährdung der Inneren Sicherheit.

---

128 Vgl. Bundeskriminalamt (Hrsg.), Kriminalität im Kontext von Zuwanderung 2016, online 2017 unter: https://www.bka.de/SharedDocs/Downloads/DE/Publikationen/JahresberichteUndLagebilder/KiminalitaetImKontextVonZuwanderung_2016.hmtl
129 Vgl. FAZ vom 3.1.2018
130 Vgl. Friedrich-Naumann-Stiftung (Hrsg.), Deutscher Wertemonitor 2012, online unter:http://edoc.vifapol/.de/opus/volltexte/2012/2420, Zugriff am 18.4.2017
131 Vgl. ZEIT ONLINE, Viele Europäer fürchten Terror durch Flüchtlingszuzug, 2016, online unter: http://www.zeit.de/gesellschaft/2016-07/fluechtlinge-europaer-fuerchten-folgen-terrorismus-wirtschaft-meinungsumfrage, letzter Zugriff am 15.4.2017

9.2 Zuwanderung

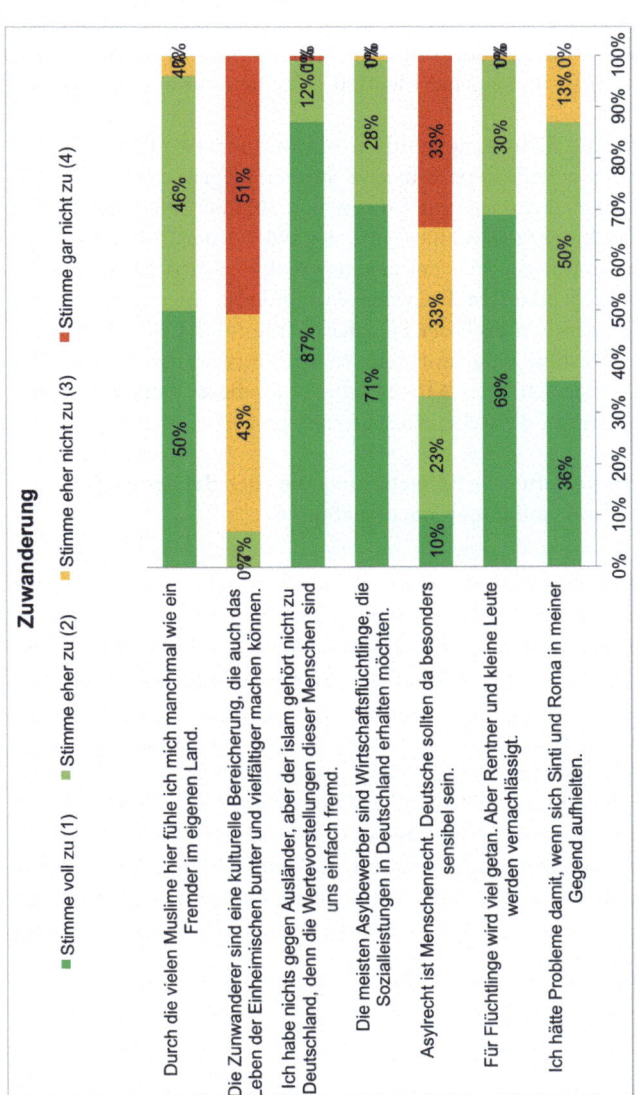

Abb. 18 Zuwanderung
Quelle: Eigene Darstellung

Durch die vielen Muslime fühle ich mich manchmal wie ein Fremder im eigenen Land.

96 % der Befragten stimmen hier ganz oder eher zu. Demnach ist das Gefühl einer Bedrohung von Heimat und eigener Identität Allgemeingut in der befragten AfD-Mitgliedschaft.

Dieses Fremdheits- und Bedrohungsgefühl wird von einem beträchtlichen Teil der Gesamtbevölkerung geteilt. Repräsentative Studien zeigen, dass der Anteil derjenigen, die einer solchen Aussage zustimmen, von 2014 bis 2016 von 43 % auf 50 % gestiegen ist[132]. 48 % der SPD-Wähler, 46 % der Wähler der Unionsparteien, 86 % der AfD-Wähler und sogar 25 % der Grünen-Wähler gaben 2016 an, so zu empfinden. Dass Deutschland durch die „vielen Ausländer in einem gefährlichen Maß überfremdet" sei, meinten nach der Leipziger Mitte-Studie 2016 38,5 % der Menschen, während 27 % diese Frage mit „teils, teils" beantworteten[133]. Demnach entspricht die Haltung der befragten AfD-Mitglieder an dieser Stelle der Wahrnehmung etwa der Hälfte der deutschen Gesellschaft.

Die Zuwanderer sind eine kulturelle Bereicherung, die auch das Leben der Einheimischen bunter und vielfältiger machen können.

An dieser Stelle werden die Befragten mit einer Kernaussage der Befürworter eines Multikulturalismus konfrontiert. Entsprechend überrascht es nicht, dass ihr niemand voll und nur ganz wenige eher zustimmen können.

Dabei entsprechen die Auffassungen der AfD-Mitglieder den Einstellungen einer großen Gruppe der Gesamtgesellschaft, die je nach Befragung und Untersuchungszeitraum bei 40-50 % liegt. Eine Befragung der Berliner Bevölkerung aus dem Sommer 2016 etwa ergab einen Zustimmungsanteil von 52 %, während 44 % der Befragten die Aussage ablehnten. Das Thema ist gesellschaftlich hoch umstritten. Dabei zeigen sich große Unterschiede je nach Altersgruppe, Bildungsstand und parteipolitischer Präferenz. Jüngere und besser Gebildete neigen eher dazu, Zuwanderer als kulturelle Bereicherung zu empfinden, Ältere und weniger Gebildete sehen das häufiger anders[134]. Dass Deutschland „mehr Zuwanderung" benötige, bejahten nach den Daten der CDU-Mitgliederstudie 2015 22 % der Bevölkerung und 20 % der CDU-Mitglieder[135].

---

132 Decker/ Kiess/ Brähler (2016), S. 50
133 Ebd.
134 Michael Müller, Mehrheit der Berliner empfindet Flüchtlinge eher als Bereiche-rung, 2016, online unter: https://www.berlinjournal.biz/umfrage-berlin-fluechtlinge-berei-cherung, Zugriff am 20.4.2017
135 Neu (2017), S. 26

9 Politische Einstellungsmuster

Ich habe nichts gegen Ausländer, aber der Islam gehört nicht zu Deutschland, denn die Wertevorstellungen dieser Menschen sind uns einfach fremd.

87 % der Befragten stimmen voll, 12 % eher zu. Für die AfD-Mitglieder gibt es keinen Zweifel: Der Islam gehört nicht zu Deutschland.

Diese Haltung wird von 60 % der Deutschen geteilt. Dies ergab jedenfalls 2016 eine Umfrage von Infratest dimap im Auftrag des WDR. Nur 34 % stimmten damals der Aussage des ehemaligen Bundespräsidenten Christian Wulf aus 2010 noch zu. 2010 waren es noch 49 % gewesen. Die Islamskepsis in Deutschland ist in den letzten Jahren deutlich gewachsen[136].

Dies zeigen auch die Ergebnisse der CDU-Mitgliederstudie. Danach stimmen nur 11 % der CDU-Mitglieder der Aussage zu, dass der Islam heute ebenso zu Deutschland gehöre wie das Christentum. Für die Gesamtbevölkerung hat das EMNID-Institut hier eine Zustimmungsrate von 30 % ermittelt[137].

Die meisten Asylbewerber sind Wirtschaftsflüchtlinge, die Sozialleistungen in Deutschland erhalten möchten.

Die Antworten zeigen die großen Vorbehalte der AfD-Mitglieder gegenüber den Asylbewerbern. 71 % halten die Mehrheit der Flüchtlinge uneingeschränkt für Wirtschaftsflüchtlinge, weitere 28 % stimmen dem Satz eingeschränkt zu.

Auch in der Gesamtbevölkerung sind solche Einschätzungen weit verbreitet. Nach den Ergebnissen der Leipziger Mitte-Studie meinten 2016 60 % der Deutschen, dass die meisten Asylbewerber nicht wirklich fürchteten, in ihrer Heimat verfolgt zu werden, darunter 88 % der AfD-Wähler. Selbst 50 % der Wähler der Linken und 36 % der Grünen-Anhänger sahen das so[138]. 32 % der Deutschen stimmten in dieser Repräsentativbefragung der Aussage ganz oder teilweise zu, dass die Ausländer nur hierher kämen, „um unseren Sozialstaat auszunutzen"[139].

Insgesamt aber fällt das Meinungsbild in der Gesamtgesellschaft differenzierter aus. Zwar wendet sich auch eine große Mehrheit aller Deutschen gegen Flüchtlinge, die nur aus wirtschaftlichen Gründen kommen. Und viele bezweifeln, ob die meisten Flüchtlinge tatsächlich aus Gründen der Verfolgung flüchten. Doch fast ebenso viele sehen das anders und sind bereit, einem jedenfalls beträchtlichen Teil der Flücht-

---

136 Vgl. ZEIT ONLINE, Für die meisten gehört der Islam nicht zu Deutschland, online unter: http://www.zeit.de/gesellschaft/zeitgeschehen/2016-05/islam-deutschland-umfrage, letzter Zugriff am 22.4.2017
137 Neu (2017), S. 26
138 Vgl. Decker/Kiess/Brähler (2016), S. 85
139 Vgl. ebd., S. 30

linge Motive der Not, Verfolgung und Kriegsgefahr zuzubilligen. Demnach ist die Problemsicht der befragten AfD-Mitglieder auch über die AfD-Anhängerschaft hinaus in der Gesellschaft weit verbreitet. Die AfD-Mitglieder repräsentieren dabei nahezu geschlossen einen der beiden Pole der gesellschaftlichen Wahrnehmung der Motive der Flüchtlinge.

Asylrecht ist Menschenrecht. Deutsche sollten da besonders sensibel sein.

Bei dieser Aussage, die ein zentrales Argument der Flüchtlingsbefürworter aufgreift, zeigen sich beträchtliche Unterschiede. Immerhin jeder zehnte Befragte stimmt voll zu, 23 % befürworten die Aussage eingeschränkt. Zwei Drittel wenden sich dagegen, ein Drittel signalisiert uneingeschränkte Ablehnung. Wo die Grundsatzfrage des Asylrechts aufgeworfen wird und Bezüge zur deutschen Geschichte angesprochen werden, gehen die Auffassungen auseinander.

Für Flüchtlinge wird viel getan. Aber Rentner und kleine Leute werden vernachlässigt.

69 % der Befragten stimmen voll, 30 % eher zu. Hier zeigen sich sehr homogene Einstellungsmuster. Sie decken sich mit den Problemwahrnehmungen in weiten Teilen der Gesellschaft – nicht nur da, wo man den Flüchtlingen grundsätzlich skeptisch gegenübersteht. Nach der Umfrage „Willkommenskultur im Stresstext", die 2017 im Auftrag der Bertelsmann-Stiftung durchgeführt wurde, empfinden 80 % der Bevölkerung den Zustrom von Flüchtlingen als zusätzliche soziale Belastung und sehen 72 % damit eine Zunahme der sozialen Konflikte verbunden[140].

Ich hätte Probleme damit, wenn sich Sinti und Roma in meiner Gegend aufhielten.

Die große Mehrheit der Befragten lässt Ressentiments gegenüber Sinti und Roma erkennen. 36 % stimmen der Aussage voll, 50 % eingeschränkt zu.

Damit entsprechen die AfD-Mitglieder den Einstellungen einer Mehrheit der Bevölkerung. 2014 haben 55,4 % der Deutschen dieser Aussage zugestimmt, 2016 sogar 57,8 %[141]. 85 % der AfD-Wähler unterstützen diese Aussage. Die Haltung der befragten AfD-Mitglieder entspricht also der der AfD-Wähler.

---

140 Vgl. Umfrage „Willkommenskultur im Stresstext" im Auftrag der Bertelsmann-Stiftung 2017, zit.nach Mediendienst Integration online, in: https://mediendienst-integration.de/integration/einstellungen/.hmtl , Zugriff am 9.1.2018
141 Vgl. Decker/Kiess/Brähler (2016), S. 30

Wie verbreitet solche Sichtweisen auch in der Gesamtgesellschaft sind, zeigt besonders die Tatsache, dass auch 41 % der Grünen-Wähler und 40 % der Wähler der Linken zustimmen. Zwei Drittel der Unionsanhänger äußern sich genauso[142]. Allerdings sind die Vorbehalte gegenüber Sinti und Roma in der AfD-Mitgliedschaft noch deutlich stärker verbreitet als in der Gesamtgesellschaft.

Auch bei den Einstellungen zur Zuwanderung lässt sich ein hohes Maß an Homogenität in der AfD-Mitgliedschaft erkennen. Nahezu alle Befragten halten Zuwanderer nicht für eine kulturelle Bereicherung und fühlen sich manchmal wie Fremde im eigenen Land. Für sie gehört der Islam nicht zu Deutschland. Die meisten Asylbewerber gelten ihnen als Wirtschaftsflüchtlinge, die Sozialleistungen kassieren wollen. Lediglich in der grundsätzlichen Einschätzung des Asylrechts zeigen sich große Unterschiede.

9.3 Wirtschaft und Finanzen

Wer tüchtig ist, wird es in unserer Marktwirtschaft auch zu etwas bringen.
23 % der Befragten stimmen der Aussage voll, 49 % stimmen eher zu. Ein reichliches Viertel der AfD-Mitglieder dagegen sieht das anders.

Vergleichsstudien zeigen, dass die Mehrheit der Deutschen ähnliche Ansichten vertritt. 2014 stimmten 56 % der Befragten dieser Aussage zu, 21 % lehnten sie ab, 23 % mochten sich nicht klar entscheiden[143].

---

142 Ebd., S. 83
143 Anna Klein/Andreas Zick, Fragile Mitte – feindselige Zustände, Rechtsextreme Einstellungen in Deutschland 2014, online unter: http://www.fes-gegen-rechtsextremismus.de/pfd_14/FragileMitte-Feindselige Zustände.pdf, Zugriff am 1.5.2017

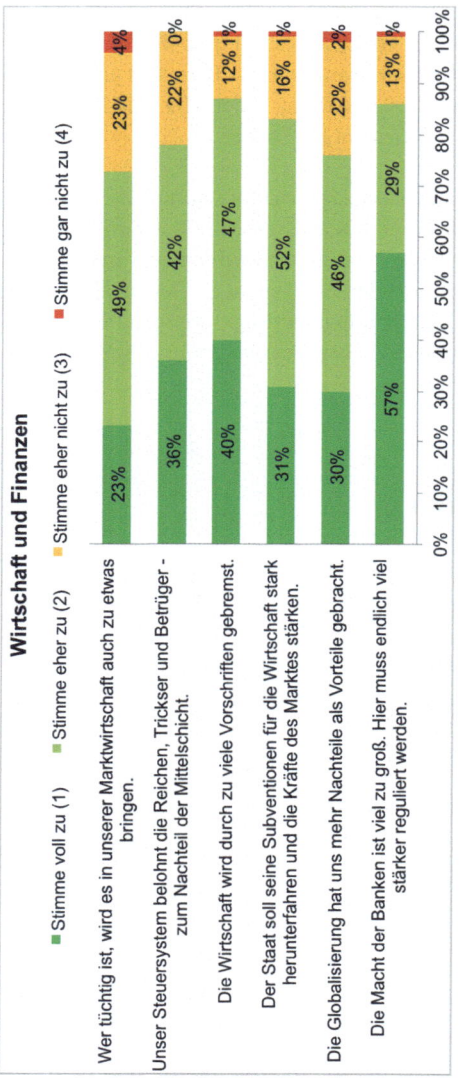

Abb. 19 Wirtschaft und Finanzen
Quelle: Eigene Darstellung

Unser Steuersystem belohnt die Reichen, Trickser und Betrüger – zum Nachteil der Mittelschicht.

Vier von fünf AfD-Mitgliedern stimmen dieser Aussage zu, keiner der Befragten lehnt sie völlig ab. Mit dieser kritischen Sicht auf unser Steuersystem teilen sie nicht nur eine besonders in der politischen Linken zentrale Grundannahme. Der Eindruck eines ungerechten Steuersystems liegt bei ihnen auch höher als in der Gesamtgesellschaft. Nach einer Untersuchung des Instituts für Demoskopie Allensbach empfand 2013 etwa die Hälfte der Deutschen das Steuersystem insgesamt als ungerecht[144].

Die Wirtschaft wird durch zu viele Vorschriften gebremst.

Diese Aussage erhält Zustimmung von insgesamt 87 % (40 % stimmen voll, 47 % stimmen eher zu). Diese Grundannahme des Wirtschaftsliberalismus erhält in der AfD-Mitgliedschaft mehr Zustimmung als in der Gesamtgesellschaft. 2015 hatte Forsa ermittelt, dass 58 % der Deutschen der Ansicht waren, dass weniger staatliche Regelungen und Vorschriften zu mehr Innovation und wirtschaftlicher Entwicklung führen würden[145].

Der Staat soll seine Subventionen für die Wirtschaft stark herunterfahren und die Kräfte des Marktes stärken.

Dieser Aussage stimmen 83 % der Befragten ganz oder eher zu. Ganz uneingeschränkt freilich ist diese Zustimmung nicht, wie der große Anteil derer zeigt, die nur „eher" zustimmen. Immerhin liegt die AfD-Mitgliedschaft mit dieser Befürwortung einer eher wirtschaftsliberalen Position über den Werten der Gesamtgesellschaft. Hier treten 61 % für einen Subventionsabbau ein, 33 % sind dagegen[146].

Die Globalisierung hat uns mehr Nachteile als Vorteile gebracht.

Drei Viertel der AfD-Mitglieder stimmen hier voll oder eher zu, wobei die eingeschränkte Zustimmung überwiegt. Die Globalisierung wird kontrovers beurteilt. Dabei dominiert eine kritische Sichtweise. Damit unterscheiden sich die AfD-Mitglieder von der Gesamtgesellschaft, die das mehrheitlich positiver sieht. Nach einer älteren,

---

144 Vgl. Institut für Demoskopie Allensbach, Gerechtigkeitsbegriff und -wahrnehmung der Bürger, 2013, online unter: http://www.google.de, Zugriff am 2.5.2017
145 WeltN24, Umfrage – Mehrheit sieht künftigen Wohlstand bedroht, 2015, online unter: https://www.welt.de/print/die_welt/politik/article/138557475/Umfrage-Mehrheit-sieht-kuenftigen-Wohlstand-bedroht.html, Zugriff am 30.4.2017
146 Infratest dimap im Auftrag der Initiative Soziale Marktwirtschaft, Subventionen 2011, online unter: https://www.insm/dms/insm/text/presse/pressemeldungen/2011/dimap-subventionen.pdf, Zugriff am 30.4.2017

aber noch immer viel zitierten, repräsentativen Studie der Bertelsmann-Stiftung sahen 2011 knapp zwei Drittel der Deutschen in der Globalisierung mehr Vor- als Nachteile. 60 % der Befragten sahen für sich selbst mehr Vor- als Nachteile, 71 % für Deutschland, 66 % sogar für die ganze Welt[147].

Die Macht der Banken ist viel zu groß. Hier muss endlich viel stärker reguliert werden.

86 % der Befragten teilen diesen kritischen Blick auf die Banken; 57 % stimmen sogar voll zu. Zwar wird diese Einstellung von einer Mehrheit der Bürger durchaus geteilt. Aber der Anteil der Befürworter einer stärkeren Bankenregulierung liegt bei den AfD-Mitgliedern noch deutlich über dem in der Gesamtgesellschaft, wo sich 53 % dafür aussprechen[148].

Das Thema Wirtschaft und Finanzen zeigt ein insgesamt heterogenes Bild. Während einige Grundannahmen wirtschaftsliberalen Denkens von einer Mehrheit der AfD-Mitglieder durchaus geteilt werden, macht der kritische Blick auf die Globalisierung und die Macht der Banken klar, dass auch zentrale Elemente einer eher linken Kritik an Globalisierung und der Bankenmacht im Finanzkapitalismus in der AfD sehr verbreitet sind. Zwar ist die Koexistenz widersprüchlicher Auffassungen zu diesen Themenfeldern nicht untypisch auch für die Gesamtgesellschaft. Die Spannbreite zwischen wirtschaftsliberalen Grundauffassungen auf der einen und eher „linken", sozialprotektionistischen oder gar systemkritischen Positionen auf der anderen Seite aber ist in der AfD besonders groß.

---

147 Repräsentative Studie der Bertelsmann-Stiftung, erste Veröffentlichung Okto-ber 2011, zit.nach Statista, Online-Portal 2018, https://de.statista.com/statistik/daten/studie/7030/umfrage meinung-der-deutschen-zur-globalisierung, Zugriff am 9.1.2018

148 Institut für Demoskopie Allensbach, Banken in der Öffentlichen Wahrneh-mung, 2013, online unter:https://bankenverband.de/media/files/Umfrage-_Banken_in_der_oef-fentlichen_wahrnehmung_csuPGSz-kR8usTP.pdf, Zugriff am 2.5.2017

9.4 Sozialstaat und soziale Sicherung

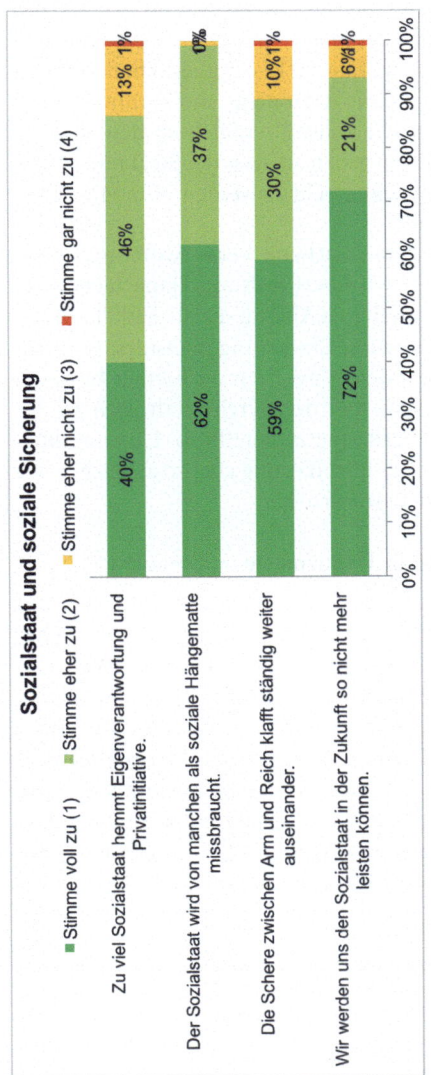

Abb. 20 Sozialstaat und soziale Sicherung
Quelle: Eigene Darstellung

Zu viel Sozialstaat hemmt Eigenverantwortung und Privatinitiative.
86 % der Befragten stimmen der Aussage zu, wobei das Ausmaß der vollen und das der eigeschränkten Zustimmung fast gleich ausfallen.

Mit dieser eher liberalen Sichtweise weicht die AfD-Mitgliedschaft von den Einstellungen der Mehrheitsgesellschaft ab, die dazu neigt, die Verantwortung für eine ausreichende soziale Absicherung fast ausschließlich an den Staat zu delegieren. Mehr als die Hälfte der Deutschen geben an, dass der Staat noch mehr tun müsse, um seiner sozialen Verantwortung gerecht zu werden. Nur 34 % sehen eine starke Verantwortung des Einzelnen[149].

Dass die Deutschen hier eine besondere staatliche Verantwortung sehen, bestätigt auch eine neuere Studie der Friedrich-Ebert-Stiftung. Danach erwartet eine breite Mehrheit der Gesellschaft einen weiteren Ausbau sozialstaatlicher Leistungen durch den Staat. Besonders groß ist diese Erwartung in Ostdeutschland. Dabei existiert eine Diskrepanz zwischen den Wünschen nach einer besseren wohlfahrstaatlichen Absicherung einerseits und der Bereitschaft, sich an der Finanzierung in der dazu nötigen Größenordnung zu beteiligen. Leistungskürzungen werden von der großen Mehrheit der Bevölkerung ebenso abgelehnt wie eine allgemeine Erhöhung der Einkommenssteuern[150].

Der Sozialstaat wird von manchen als soziale Hängematte missbraucht.
Nahezu alle Befragten stimmen hier zu, 62 % sogar uneingeschränkt. Auch in der Gesamtgesellschaft hält eine Mehrheit Sozialmissbrauch und Sozialhilfebetrug für ein gravierendes Problem; nur ein Drittel sieht das anders. Während so gut wie niemand dafür eintritt, die Ausgaben für Schule, Pflege und Rente zu kürzen und 91 % bzw. 87 % und 67 % dafür eintreten, in Zukunft dafür mehr auszugeben, sieht es bei „Hartz IV" anders aus: 21 % der Bevölkerung plädiert für Leistungskürzungen, „nur" 40 % für eine Ausweitung der Leistungen[151]. Die Einmütigkeit in der AfD-Mitgliedschaft lässt allerdings darauf schließen, dass Ressentiments gegenüber den Empfängern von Hartz IV-Leistungen hier eher noch stärker vertreten sein dürften als in der Gesamtgesellschaft[152].

---

149 Vgl. Civitas-Institut (Hrsg.), Sozialstaat – Grenzenlose Anspruchshaltung, 2011,online unter: http://civitas-institut.de/index.php?option=com_content&view=article&id=1434;sozialstaat-grenzenlose-anspruchshaltung&catid=1:neuestes&Itemid, Zugriff am 23.4.2017
150 Die Befunde der Civitas-Studie werden bestätigt durch die von der Friedrich-Ebert-Stiftung publizierte Untersuchung von Heinrich/ Jochem/ Siegel (2016), vgl. bes. S. 9 und S. 26
151 Ebd., S. 24 (Tabelle)
152 Ebd.

Die Schere zwischen Arm und Reich klafft ständig weiter auseinander.
Fast 90 % der befragten AfD-Mitglieder sind der Auffassung, dass die Schere zwischen Arm und Reich stetig größer wird. Davon stimmten 59 % der Aussage voll, 30 % eher zu. Vergleichbare Befragungen der Gesamtbevölkerung kommen zu ähnlichen Ergebnissen. Die schon zitierte, Ende 2015 im Auftrag der Friedrich-Ebert-Stiftung durchgeführte, Repräsentativbefragung hat ermittelt, dass 82 % der Bevölkerung die soziale Ungleichheit heute als zu groß betrachten[153]. Vor allem die Älteren und die Ostdeutschen sind sich in dieser Diagnose besonders sicher. Selbst unter den Menschen mit einem Haushaltseinkommen von monatlich über 4000 Euro teilen 74 % diese Ansicht. Die Auffassungen der Befragten entsprechen demnach auch in den Größenordnungen ungefähr den Ansichten der Gesamtbevölkerung.

Wir werden uns den Sozialstaat in der Zukunft so nicht mehr leisten können.
Eine überwältigende Mehrheit von 93 % der AfD-Mitglieder stimmen dieser Aussage zu, 72 % sogar uneingeschränkt. Ein Vergleich mit der Gesamtbevölkerung ist hier schwierig, weil die vorliegenden Befunde dazu widersprüchlich sind. Einerseits wünscht eine große Mehrheit der Deutschen zusätzliche soziale Leistungen, andererseits herrscht die Sorge vor, dass das Niveau der sozialen Leistungen in der Zukunft absinken, die Abgabenbelastung aber steigen werde. Der eher pessimistische Blick auf die Zukunft des Sozialstaats der AfD-Mitglieder wird aber von einer Mehrheit durchaus geteilt[154].

Das durchweg recht homogene Meinungsbild der Befragten zum Sozialstaat unterscheidet sich nur an einer Stelle signifikant vom Querschnitt der Gesellschaft. Die liberale Auffassung, dass auch zu viel Sozialstaat ein Problem sein könne, weil es die Privatinitiative behindere, wird von einer deutlichen Mehrheit der AfD-Mitglieder geteilt, während Vergleichsstudien zumindest nahelegen, dass die Gesamtgesellschaft sich diese Sicht mehrheitlich nicht zu eigen macht.

---

153 Ebd., S. 17ff.
154 Ebd., S. 19ff.

9.5 Frauen, Familie und Geschlechterfragen

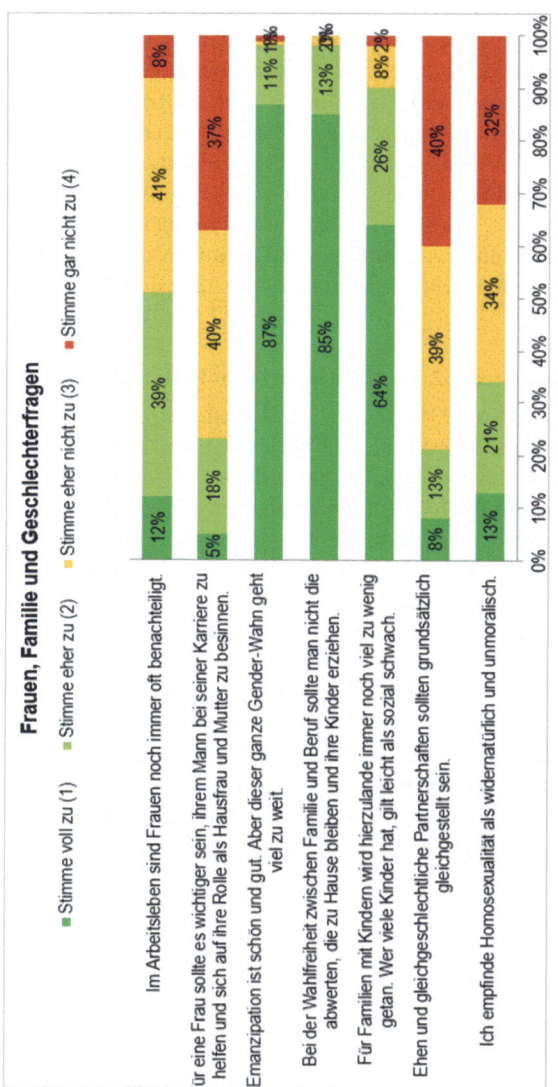

Abb. 21 Frauen, Familie und Geschlechterfragen
Quelle: Eigene Darstellung

Im Arbeitsleben sind Frauen noch immer oft benachteiligt.
In der Frage der Benachteiligung von Frauen im Arbeitsleben sind die AfD-Mitglieder gespalten. 51 % halten Frauen im Arbeitsleben für benachteiligt, 49 % sehen das nicht so. An dieser Stelle weichen die Auffassungen der Befragten von den Einstellungen in der Gesamtbevölkerung etwas ab. Verschiedene Studien haben in den letzten Jahren einen Anteil von 55 bis 70 % der Bevölkerung ermittelt, die von einer noch immer andauernden beruflichen Benachteiligung der Frauen ausgehen[155]. Der Unterschied mag darauf hindeuten, dass der beruflichen Gleichberechtigung der Geschlechter in der AfD nicht die gleiche Bedeutung beigemessen wird wie an anderen Orten der Gesellschaft. Hier dürfte auch die Unterrepräsentanz der Frauen in der AfD-Mitgliedschaft eine Rolle spielen. Einen Beleg für das vielerorts der Partei unterstellte „reaktionäre" Frauenbild liefert dieses Ergebnis jedoch nicht. Dazu sind die Unterschiede der Einstellungen zwischen den befragten AfD-Mitgliedern und der Gesamtgesellschaft zu gering.

Für eine Frau sollte es wichtiger sein, ihrem Mann bei seiner Karriere zu helfen und sich auf ihre Rolle als Hausfrau und Mutter zu besinnen.
Dieser Aussage stimmten lediglich 5 % der Befragten in vollem Umfang zu. 18 % stimmten eher zu, 40 % eher nicht. 37 % stimmten gar nicht zu. 77 % der AfD-Mitglieder lehnen demnach ein solches vor Jahrzehnten gesellschaftlich vorherrschendes Rollenbild der Frau ab.

Die Untersuchungen des Instituts für interdisziplinäre Konflikt- und Gewaltforschung Bielefeld haben seit 2002 immer wieder ähnliche Fragestellungen zum Gegenstand von Repräsentativbefragungen gemacht. Nach ihren Ergebnissen ist der Anteil derer, die der Aussage zustimmten, Frauen sollten sich wieder mehr auf ihre Rolle als Ehefrau und Mutter besinnen, zwischen 2002 und 2011 von 29,4 % auf 18,5 % gefallen. Die Zustimmung zur Aussage, für die Frau sollte es wichtiger sein, ihrem Mann bei der Karriere zu helfen als selbst Karriere zu machen, ist in der gleichen Zeit von 18,7 % auf 11,5 % zurückgegangen[156].

---

155 Nach einer älteren EMNID-Umfrage gaben 2010 71 % der Befragten an, dass aus ihrer Sicht Frauen in Beruf und Gesellschaft nach wie vor benachteiligt seien. (vgl. Statista, Sind Frauen im Beruf und der Gesellschaft gleichberechtigt? online unter:https:/ de.statista.com/statistik/daten/studie/166946/umfrage/einschaetzung-zur-gleichberechtigung-von-frauen-im-beruf-und-der-gesellschaft, Zugriff am 29.4.2017). In der Leipziger Mitte-Studie gaben 2016 55 % an, dass die jetzige Beschäftigungspolitik Frauen benachteilige; 49 % glauben, dass die Diskriminierung von Frauen in Deutschland noch immer ein Problem darstelle (vgl. Decker/Kiess/Brähler (2016), S. 58)

156 Vgl. Universität Bielefeld, Institut für interdisziplinäre Konflikt-und Gewaltforschung (Wilhelm Heitmeyer u. a.), Deutsche Zustände – Das entsicherte Jahrzehnt, Pressein-

Auch in der CDU-Mitgliederstudie wurden die Befragten mit einer ähnlichen Aussage konfrontiert. Hier stimmten 10 % zu. Für die Gesamtbevölkerung hat Emnid 2015 eine Zustimmungsrate von 14 % ermittelt[157]. Nach der Leipziger Mitte-Studie stimmten 2016 22 % der Befragten der Aussage zu, Frauen sollten sich wieder mehr auf die Rolle als Ehefrau und Mutter besinnen. 17 % meinten, dass es für die Frau wichtiger sein sollte, ihrem Mann bei seiner Karriere zu helfen, als selbst Karriere zu machen[158].

Der Anteil derer, die solche sehr konservativen Vorstellungen teilen, liegt demnach in der untersuchten AfD-Mitgliedschaft mit 23 % etwas höher als im Rest der Gesellschaft. Demnach ließe sich schlussfolgern, dass das Frauenbild der AfD etwas konservativer ist als das der Gesamtgesellschaft. Aus diesen graduellen Abweichungen vom Durchschnitt der Bevölkerung lässt sich jedoch eine Charakterisierung der AfD als Partei mit reaktionärem Frauenbild kaum ausreichend begründen.

Emanzipation ist schön und gut. Aber dieser ganze Gender-Wahn geht viel zu weit.

87 % der Befragten stimmen dieser Aussage voll, 11 % eher zu. Vergleiche mit den Einstellungen der Gesamtbevölkerung sind hier schwierig. Nach einer Allensbach-Umfrage aus 2013 waren 20 % der Bevölkerung der Auffassung, dass das, was für die Förderung der Gleichberechtigung getan wird, übertreiben sei. 32 % hielten die Maßnahmen zur Frauenförderung für gerade richtig. Betrachtet man nur die Antworten der Männer, ergeben sich andere Werte: Danach vertraten 64 % die Ansicht, dass genug oder sogar zu viel getan werde[159].

Die Allensbach-Studie lässt sich nur sehr begrenzt mit unserer Fragestellung vergleichen. Die Homogenität des Antwortverhaltens bei dem pejorativ verwandten Begriff des „Genderwahns" erlaubt jedoch den Schluss, dass in der AfD-Mitgliedschaft der Eindruck, es werde in der Frauenförderung übertrieben, deutlich verbreiteter ist als in der Gesamtgesellschaft.

---

formation zur Präsentation der Langzeitforschung Gruppenbezogene Menschenfeindlichkeit, S. 18, online unter: https://www.uni-bielefeld.de/ikg/Handout_Fassung_Montag_1212.pdf, Zugriff am 10.1.2018

157 Neu (2017), S. 27
158 Decker/Kiess/Bröhler (2016), S. 58
159 Bild der Frau (Hrsg.), Der Mann 2013, Hamburg 2013, online unter: http://www.axel-springer.de/downloads/21/16383966/BdF_Studie_Ma_776nner1-86_finale_version.pdf, Zugriff am 30.4.2017

Bei der Wahlfreiheit zwischen Familie und Beruf sollte man nicht die abwerten, die zu Hause bleiben und ihre Kinder erziehen.

98 % der Befragten stimmen dieser Aussage ganz oder eher zu. Als Vergleichsmaßstab lassen sich hier die demoskopischen Befunde über die Haltung der Bevölkerung zur Einführung des von der CSU durchgesetzten Betreuungsgeldes heranziehen. Danach lehnten 2012 60 % der Deutschen das Betreuungsgeld ab, nur 36 % stimmten der Einführung der von manchen als „Herdprämie" bezeichneten Leistung zu[160]. Schon der abwertende Bedeutungsinhalt von „Herdprämie" zeigt freilich an, dass ein Vergleich unserer Daten mit Umfrageergebnissen zum Betreuungsgeld nur mit Einschränkung möglich ist.

Für Familien mit Kindern wird hierzulande viel zu wenig getan. Wer viele Kinder hat, gilt leicht als sozial schwach.

Auch hier zeigt sich ein sehr einheitliches Meinungsbild. 90 % stimmen der Aussage voll oder eher zu, etwa zwei Drittel sogar uneingeschränkt. Soweit nur der erste Aussagesatz verglichen wird, liegt die AfD-Mitgliedschaft ganz nahe bei den Ansichten der Gesamtgesellschaft. Die Studie der Friedrich-Ebert-Stiftung weist aus, dass 91 % der Auffassung sind, der Staat solle vor allem Familien mit Kindern künftig stärker unterstützen[161].

Ehen und gleichgeschlechtliche Partnerschaften sollten grundsätzlich gleichgestellt sein.

79 % der Befragten lehnen die inzwischen gesetzlich durchgesetzte „Ehe für alle" ab, wobei die Ablehnung bei 40 % uneingeschränkt ausfällt. Nur 21 % stimmen zu.

Zu diesem Thema sind in den vergangenen Jahren verschiedene Befragungen durchgeführt worden. Die vom Bundestag 2016 vorgelegte Studie zu Einstellungen zur Homosexualität und gleichgeschlechtlichen Partnerschaften ermittelt eine Zustimmungsrate von 64 % zur Gleichstellung gleichgeschlechtlicher Partnerschaften[162]. Auch anderen Befragungen, die dazu angestellt worden sind, haben Zustimmungsraten zwischen knapp 60 % und 80 % festgestellt. Die Bielefelder Studie „Deutsche Zustände"

---

160 Stern.de, Mehrheit missbilligt Herdprämie, 2012, online unter: http://www.stern.de/politik/deutschland/stern-umfrage-zum-beteruungsgeld-mehrheit-missbilligt-herdpraemie-3061130.html, Zugriff am 29.4.2017
161 Heinrich/Jochem/Siegel (2016), S. 26
162 Deutscher Bundestag (Hrsg.), Einstellungen zu Homosexualität und gleichgeschlechtlichen Partnerschaften in der Bundesrepublik Deutschland 1949-2016, online bei: https://www.bundestag.de/blob/479156/2c5f734e3b469b60690cfc835452acO/wd-1-029-16-pdf-data.pdf, letzter Zugriff am 29.4.2017

von Heitmeyer u.a. gibt an, dass die Ablehnung einer Ehe zwischen Schwulen bzw. Lesben zwischen 2002 und 2011 von 40 % auf 21 % zurückgegangen ist[163]. Nach den in der CDU-Mitgliederstudie veröffentlichten Daten traten 2015 59 % der Gesamtbevölkerung für diese Gleichstellung ein. In der CDU-Mitgliedschaft waren es jedoch nur 22 %[164]. 53 % der CDU-Mitglieder traten dafür ein, dass traditionelle Familienformen vor anderen Formen des Zusammenlebens bevorzugt werden sollten. Diese Ansicht vertraten auch 35 % der Gesamtbevölkerung[165]. Nach der Mitte-Studie waren 2016 40 % der Auffassung, dass Ehen zwischen zwei Männern oder zwei Frauen nicht erlaubt sein sollten[166].

Auch wenn die Daten unterschiedlich sind und die Ablehnung der „Ehe für alle" zwischen 20 % und 40 % variiert: Hier gibt es eine deutliche Diskrepanz zwischen den Einstellungen der AfD-Mitglieder und der Mehrheit der deutschen Gesellschaft. Die Mehrheit der Gesellschaft befürwortet die Gleichstellung, die große Mehrheit der befragten AfD-Mitglieder lehnt sie ab. Von besonderem Interesse ist freilich dabei, dass die Zustimmungsraten der CDU-Mitglieder zur Gleichstellung gleichgeschlechtlicher mit heterosexuellen Paaren und die der untersuchten AfD-Mitgliedschaft nahezu gleich sind (22 % bzw. 21 %).

Ich empfinde Homosexualität als widernatürlich und unmoralisch.

13 % der Befragten stimmen dieser Aussage voll, 21 % eher zu. Zwei Drittel der AfD-Mitglieder dagegen stimmen nicht zu, wobei ein Drittel diese Aussage ohne jede Einschränkung ablehnt. Die Einstellungen der AfD-Mitglieder sind hier nicht homogen. Eine klare Mehrheit weist die Aussage zurück.

Diese Ergebnisse unterscheiden sich nur wenig von den Resultaten der von der Antidiskriminierungsstelle des Bundes 2016 in Auftrag gegebenen Studie zu den Einstellungen gegenüber Schwulen, Lesben und Bisexuellen in Deutschland. Danach stimmen 82 % der Aussage, Homosexualität sei unnatürlich, gar nicht oder eher nicht zu. Die Aussage, Homosexualität sei unmoralisch, wird von 90 % ganz oder eher abgelehnt[167]. Etwas andere Ergebnisse weist dagegen die Mitte-Studie aus. Danach hielten 2016 25 % der Befragten Homosexualität für „unmoralisch"[168]. Darunter befanden sich 35 % der AfD-Wähler, aber auch 30 % der Unionsanhänger und 26 % der Wähler der SPD. 16 % der Linken-Wähler und 13 % der Anhänger der Grünen hielten

---

163 Universität Bielefeld (Heitmeyer u.a.), Deutsche Zustände...,S. 19 (Vgl. Fußnote 156)
164 Neu (2017), S. 26/27
165 Ebd.
166 Decker/Kiess/Bröhler (2016), S. 58
167 Deutscher Bundestag (Hrsg.), Einstellungen zu Homosexualität...(vgl. Fußnote 162)
168 Decker/Kiess/Bröhler (2016), S. 58

Homosexualität für unmoralisch. Die geringste Unterstützung erhielt diese Aussage unter den FDP-Wählern, wo nur 10 % zustimmten[169].

Unsere Untersuchung zeigt eine nicht unbeachtliche Minderheit von AfD-Mitgliedern, die Ressentiments gegenüber anderen sexuellen Orientierungen erkennen lässt und überkommenen Vorstellungen verhaftet ist, die dem heute breit geteilten liberalen Wertekanon der Gesellschaft nicht mehr entspricht. Nimmt man die Zahlen der Mitte-Studie zum Maßstab, dann liegt diese Minderheit in ihrer Größenordnung aber nicht sehr weit von ihrer Größenordnung in der Gesamtgesellschaft entfernt. Zweifelos gibt es in der AfD Homophobie. Aber der häufiger geäußerte Vorhalt einer besonderen Schwulenfeindlichkeit in der AfD lässt sich mit unseren Befunden nicht belegen. Auch eine deutliche Mehrheit der CDU-Mitglieder widerspricht einer Gleichstellung gleichgeschlechtlicher Paare. Und selbst jeder achte Grünen-Wähler hat Probleme mit gleichgeschlechtlichen Neigungen.

Der öffentlich verbreitete Eindruck eines extrem konservativen Frauen- und Familienbildes der AfD lässt sich mit unseren Daten kaum, jedenfalls nicht durchgängig untermauern. Wohl ist der Anteil derer, die eine Benachteiligung der Frauen im Erwerbsleben verneint, größer als im gesellschaftlichen Durchschnitt. Aber die weit überwiegende Ablehnung eines Geschlechterrollenbildes, das die Frau auf Kinder, Heim und Herd verpflichten will, zeigt, dass die kulturelle Modernisierung der letzten Jahrzehnte auch an der AfD-Mitgliedschaft nicht vorübergezogen ist. Auch die oft unterstellte Homophobie lässt sich für die Mehrheit der befragten Mitglieder nicht belegen. Wohl fällt das Gesamtbild der Auffassungen zu Frauen-, Familien- und Geschlechterfragen in der untersuchten AfD-Mitgliedschaft konservativer aus als im gesellschaftlichen Durchschnitt. Aber die Unterschiede zur Gesamtgesellschaft sind doch eher gradueller Natur. Die in der CDU-Mitgliederstudie ermittelten Einstellungen zu Frauen, Familie und gleichgeschlechtlichen Lebensgemeinschaften kommen unseren Ergebnissen erstaunlich nahe[170]. CDU- und AfD-Mitglieder denken in diesen Fragen aber offenbar ähnlich.

---

169 Vgl. ebd., S. 87
170 Neu (2017); (vgl. Fußnote 164)

9.6 Außenpolitik – Deutschland und die Welt

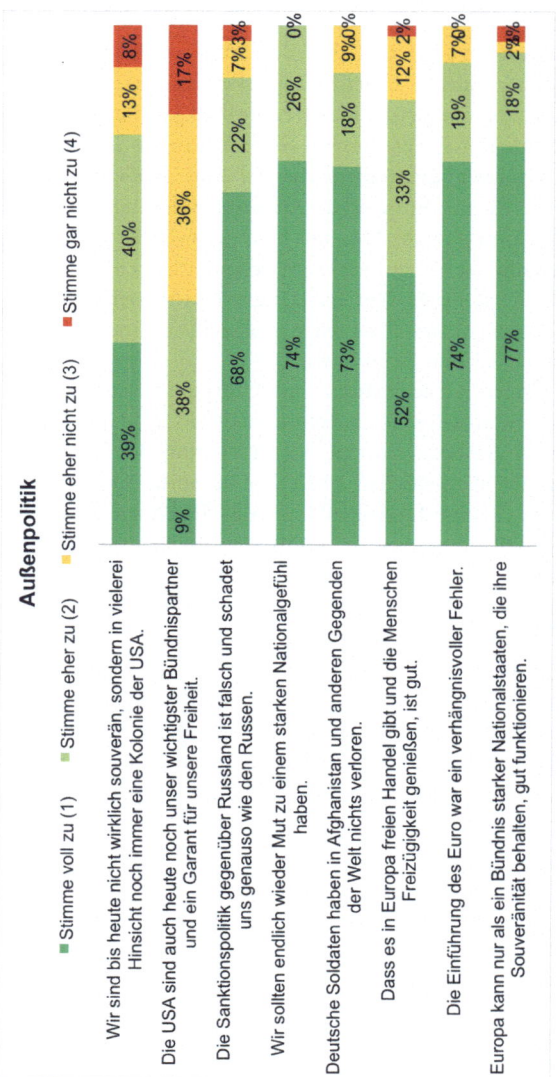

Abb. 22 Außenpolitik – Deutschland und die Welt
Quelle: Eigene Darstellung

Wir sind bis heute nicht wirklich souverän, sondern in vielerlei Hinsicht noch immer eine Kolonie der USA.

Das deutsch-amerikanische Verhältnis wird in der AfD-Mitgliedschaft unterschiedlich gesehen. Eine große Mehrheit der Befragten stimmt der Auffassung ganz oder eher zu, etwa ein Fünftel lehnt sie ab. Dabei fallen volle und eingeschränkte Zustimmung ungefähr gleich groß aus.

Eine repräsentative Befragung der Deutschen hat 2014 eine Mehrheit von 57 % ermittelt, die für eine größere Unabhängigkeit Deutschlands gegenüber den USA eintraten. Es ist wohl davon auszugehen, dass diese Mehrheit inzwischen größer geworden ist[171]. Nach den Befunden der CDU-Mitgliederstudie befürworteten 2015 70 % der Bevölkerung ein kritischeres Auftreten gegenüber den USA. Insoweit würde die AfD besonders entschieden für eine Politik eintreten, die von einer Mehrheit der Bevölkerung im Grundsatz geteilt wird.

An dieser Stelle unterscheiden sich die CDU-Mitglieder deutlich von den befragten AfD-Mitgliedern. Unter ihnen halten nur 38 % eine größere kritische Distanz gegenüber den USA für notwendig[172].

Die USA sind auch heute noch unser wichtigster Bündnispartner und ein Garant für unsere Freiheit.

In dieser Frage sind die Mitglieder der AfD gespalten. Nur 9 % stimmen voll, aber immerhin 38 % eher zu. Eine knappe Mehrheit ist dagegen anderer Auffassung; 17 % stimmen gar nicht zu.

Die AfD-Mitgliedschaft hat mit den USA offenbar noch größere Probleme als die Mehrheit der Deutschen. Denn trotz aller Verunsicherungen nach der Wahl von Donald Trump hielten Ende 2016 immer noch 56 % der Deutschen die USA für den wichtigsten Bündnispartner Deutschlands; 2014 waren es allerdings noch 60 % gewesen[173]. Zwar treten noch immer 58 % der Deutschen für eine stärkere Zusammenarbeit mit den USA ein. Aber 56 % bewerteten im Herbst 2017 die deutsch-amerikanischen Beziehungen eher als schlecht. Und 88 % wünschen sich, dass in der Verteidigungspolitik die Partnerschaft mit den europäischen Partnerländern künftig Vorrang haben möge vor der

---

171 Vgl. z. B. Feldenkirchen/Hoffmann/Pfister (2014); vgl. auch www.spiegel.de/spiegel/print/d-127985731.html
172 Neu (2017), S. 26/27
173 Körber-Stiftung (2016), online unter: https://www.koerber-stiftung.de/fileadmin/user_upload/koerber-stiftung/redaktion/handlungsfeld_internationale-verständigung/sonderthemen/umfrage-aussenpolitik/2016/Koerber-Stiftung_umfrage – broschuere.pdf 2016_, Zugriff am 10.1.2018 (gleiche Adresse auch Charts u. Tabellenband)

Verbindung mit den USA[174]. Dabei spielt Frankreich in den Augen der Bevölkerung die bei weitem wichtigste Rolle. Bei der Frage nach dem wichtigsten Bündnispartner hat im Oktober 2017 Frankreich in den Augen der Deutschen die USA abgelöst[175].

Die Sanktionspolitik gegenüber Russland ist falsch und schadet uns genauso wie den Russen.

Eine überwältigende Mehrheit der Befragten stimmt dieser Absage an die Boykottpolitik gegenüber Russland ganz oder mit Einschränkung zu. Nur eine eher kleine Minderheit unterstützt die Sanktionen der EU.

Hier unterscheidet sich die AfD-Mitgliedschaft deutlich von der Mehrheitsmeinung der Bevölkerung. Im Frühjahr 2016 traten 46 % der Deutschen dafür ein, die Sanktionspolitik fortzusetzen, nur 27 % wollten das ändern. 16 % sprachen sich sogar für eine Verschärfung aus[176]. Freilich waren nach der im Auftrag der Körber-Stiftung durchgeführten Untersuchung 2016 65 % der Deutschen dafür, enger mit Russland zusammenzuarbeiten[177]. Auch die Umfrageergebnisse des Zentrums für Militärgeschichte und Sozialwissenschaften der Bundeswehr in Potsdam ergeben ein etwas anderes Bild. Danach befürworteten 2014 nur 23 % der Befragten eine Einschränkung der wirtschaftlichen Beziehungen zu Russland. 24 % antworteten mit „teils, teils" und 47 % lehnten eine solche Beschränkung ab[178].

Die Wählerschaft der AfD beurteilt die Russland-Politik ähnlich wie die befragten AfD-Mitglieder. Während nur 44 % der AfD-Wähler für eine stärkere Zusammenarbeit mit den USA eintreten, wollen 80 % stärker mit Russland kooperieren. Unter den Wählern aller anderen Parlamentsparteien überwiegt dagegen der Wunsch nach mehr Kooperation mit den Vereinigten Staaten – sogar in der Anhängerschaft der Linkspartei[179].

---

174 Vgl. Körber-Stiftung (Hrsg.), Einmischen oder zurückhalten?, online unter: https://www.koerber-stiftung.de/fileadmin/user_upload/koerber-stiftung/redaktion/handlungsfeld_internationale_verstaendigung/pdf/2017/einmischen-oder-zurueckhalten-2017-deutsch.pdf, Zugriff am 10.1.2018

175 Frankreich wird inzwischen von 63 % der Befragten als wichtigster Partner genannt, während im Oktober 2017 nur noch 43 % die USA nennen (vgl. ebd., S. 7)

176 Bertelsmann-Stiftung (Hrsg.), Partnerschaft unter Spannung – Wie die Deutschen über Russland denken, 2016. Online unter: https:://www.bertelsmann-stiftung.de/fileadmin/files/user_upload/EZ-Partnerschaft_unter_Spannung_2016_DT.pdf, Zugriff am 29.4.2017

177 Körber-Stiftung (2016); (vgl. Fußnote 173), Tabellenband, S. 22, Zugriff am 11.1.2018

178 Biehl/Höfig/Steinbrecher/Wanner (2015), S. 30

179 Körber-Stiftung (2016); (vgl. Fußnote 173), Charts, S. 36, Zugriff am 11.1.2018

Wir sollten endlich wieder Mut zu einem starken Nationalgefühl haben.

Hier sind sich die Befragten völlig einig; 74 % stimmen voll, 26 % eher zu. Niemand ist dagegen.

Vergleichsstudien zeigen unterschiedliche Ergebnisse. In einer älteren Umfrage aus 2009 stimmten 66,5 % der Bevölkerung dieser Aussage ganz oder teilweise zu[180]. Zu etwas anderen Ergebnissen kommt die Leipziger Mitte-Studie. Hier äußern 35 % Zustimmung zu dieser Aussage, während fast ein Drittel der Befragten mit „teils, teils" antworten[181]. Wie immer diese Unterschiede interpretiert werden können: In jedem Fall ist das Thema „Nationalstolz" in der Gesamtbevölkerung deutlich umstrittener als unter den befragten AfD-Mitgliedern.

Deutsche Soldaten haben in Afghanistan und anderen Gegenden der Welt nichts verloren.

Die große Mehrheit der Befragten spricht sich gegen ein Engagement der Bundeswehr in Afghanistan und anderen Gegenden der Welt aus. 73 % stimmen voll, 18 % eher zu. Nur eine kleine Minderheit sieht das anders.

In dieser Frage vertreten die AfD-Mitglieder eine Auffassung, die in den meisten Umfragen der letzten Jahre von einer Mehrheit der Bevölkerung eher geteilt wird. Allerdings sind die Umfragedaten unterschiedlich und diese Mehrheiten bei weitem nicht so eindeutig. Eine im Auftrag der ARD durchgeführte Repräsentativbefragung z. B. ergab 2014 einen Anteil von 61 % gegen die seinerzeit überlegte Ausweitung von Auslandseinsätzen[182]. Im Dezember 2014 hielten 35 % den Afghanistan-Einsatz für sinnvoll, 50 % sahen das nicht so. Gleichzeitig aber gaben 62 % an, die Bundeswehr solle sich auch künftig an Auslandseinsätzen beteiligen, wenn sie zum Zwecke der Terrorismusbekämpfung stattfinden. Demnach gilt diese Ablehnung nicht generell[183].

Das zuverlässigste Bild über die Entwicklung der Einstellungen in der Bevölkerung zu den Auslandseinsätzen der Bundeswehr liefern die Umfragen des Zentrums für Militärgeschichte und Sozialwissenschaften der Bundeswehr in Potsdam. Danach ist die Zustimmung der Bevölkerung zum ISAF-Einsatz der Bundeswehr in Afghanistan zwischen 2008 und 2014 von 62 % auf 38 % gefallen. Die einzige Auslandsmission, die

---

180 Vgl. Statista, online in: https://de.statista.com/statistik/daten/studie/176910/umfrage/meinung-mit-zu-einem-starken-nationalgefuhl-wichtig, letzter Zugriff am 11.1.2018
181 Decker/Kiess/Brähler (2016), S. 30
182 Vgl. infratest dimap, Bundeswehr: Mehrheit lehnt Ausweitung der Auslandseinsätze ab, online unter: http://www.infratest-dimap.de/umfragen-analysen/bundesweit/umfragen/aktuell/bundeswehr-mehrheit-lehnt-ausweitung-der-auslandseinsaetze-ab, Zugriff am 29.4.2017
183 Vgl. Körber-Stiftung, Umfrage, Dezember 2014. Online zit. nach https://de.statista.com

2014 noch von einer knappen Mehrheit befürwortet wurde, war der Bundeswehreinsatz im Kosovo. In den Befragungen fällt freilich der Anteil derer, die kein klares Bild haben oder im Urteil unsicher sind, mit einem Drittel der Befragten relativ hoch aus. Auf die Frage, ob sich Deutschland in nächster Zeit nochmals an einem Einsatz wie ISAF beteiligen sollte, äußern 57 % eine ablehnende Haltung. Besonders ausgeprägt ist die Ablehnung in Ostdeutschland, wo sie bei 70 % liegt[184].

Auch andere Befragungen der letzten Jahre haben eine wachsende Skepsis gegenüber solchen Einsätzen gezeigt. Während 41 % der Bevölkerung 2016 für ein stärkeres Engagement der Bundesrepublik Deutschland bei der Bewältigung internationaler Krisen eintraten, plädieren 53 % für Zurückhaltung[185]. Dabei zeigen sich große Unterschiede zwischen den Anhängern der verschiedenen Parteien. Während die Wähler von CDU und Grünen Militäreinsätze der Bundeswehr eher akzeptieren, ist die Skepsis bei Anhängern der SPD und der Linkspartei größer. Die Eindeutigkeit ihrer Ablehnung bei den befragten AfD-Mitgliedern übertrifft jedoch sogar die Ablehnung in der Anhängerschaft der Linkspartei bei weitem[186].

Dass es in Europa freien Handel gibt und die Menschen Freizügigkeit genießen, ist gut.

85 % der Befragten stimmen hier zu, 52 % sogar uneingeschränkt. Nur 15 % sehen das anders.

In diesen positiven Grundannahmen über den Nutzen des freien Handels und der Freizügigkeit in Europa übertrifft die AfD-Mitgliedschaft die Werte, die Repräsentativerhebungen für die Gesamtgesellschaft ermittelt haben. Nach einer von der Bertelsmann-Stiftung 2016 in Auftrag gegebenen Umfrage hielten 56 % der Deutschen den zunehmenden Handel mit anderen Ländern für eine gute Sache, während 27 % damit eher Nachteile verbanden. 2014 hatten freilich noch 88 % Freihandel begrüßt und nur 9 % eher kritische Aspekte betont[187]. Interessant ist hier, dass unter den Wählern der AfD der Anteil der Freihandelsskeptiker deutlich höher liegt als bei den Anhängern anderer Parteien und sogar den Anteil unter den Wählern der Linkspartei übertrifft[188].

---

184 Vgl. Biehl/Höfig/Steinbrecher/Wanner (2015), S. 8
185 Vgl. Körber-Stiftung (2016), Charts S. 27, Zugriff am 11.1.2018
186 Infratest dimap, Bundeswehr…,a. a. O. (vgl. Fußnote 182)
187 Vgl. Bertelsmann-Stiftung (2016), S. 12
188 Ebd., S. 7

9 Politische Einstellungsmuster

Die Einführung des Euro war ein verhängnisvoller Fehler.
Die grundsätzlich positive Einstellung zu freiem Handel und offenen Grenzen in Europa bedeutet jedoch keine Zustimmung der Befragten zum Euro. Im Gegenteil hält die überwältigende Mehrheit von 93 % der Befragten die Einführung des Euro für einen verhängnisvollen Fehler. Lediglich 7 % sind anderer Ansicht.
Die Deutschen sehen das in ihrer Mehrheit anders. Nach einer Forsa-Umfrage wollten 2013 69 % der Deutschen den Euro behalten und nur 27 % wieder zurück zur D-Mark. Unter den Befragten mit einem Nettoeinkommen über 3.000 Euro lag die Befürwortung des Euro sogar bei 79 %[189]. Nach einer Studie von Oliver Bruttel aus 2014 hielten 70 % der Deutschen den Erhalt des Euro und der Eurozone für wichtig oder sehr wichtig; nur 22 % sahen das anders[190]. Hier unterscheidet sich die Mehrheit der Befragten also deutlich vom gesellschaftlichen Mainstream.

Europa kann nur als ein Bündnis starker Nationalstaaten, die ihre Souveränität behalten, gut funktionieren.
77 % der Befragten stimmen voll, 18 % eher zu. Die AfD-Mitgliedschaft vertritt demnach mit großer Einmütigkeit die Vorstellung eines Europas starker Nationalstaaten.
Die Einstellungen gegenüber Europa sind auch in der deutschen Gesellschaft in den vergangenen Jahren kritischer geworden. Dass sich Europa auf einem richtigen Wege befinde, meinten im Herbst 2016 nur noch 35 % der Deutschen; 62 % sahen das anders[191]. Allerdings beurteilen die meisten die EU weiterhin eher positiv. 2014 sahen 28 % der Deutschen mehr Vor- als Nachteile in der EU, 39 % meinten, dass sich Vor- und Nachteile ausgleichen würden. Lediglich 23 % sahen mehr Nachteile[192]. 2016 betrug der Anteil der Kritiker sogar nur 12 %; 48 % mochten gleichermaßen Vor- wie Nachteile erkennen[193]. Dabei unterschieden sich die Anhänger der AfD deutlich von denen der anderen Parteien. Während etwa von den Unionsanhängern nur 10 % mehr Nachteile als Vorteile erkennen konnten, waren das bei den Wählern der AfD 50 %[194].
Auch wenn die Europaskepsis gesamtgesellschaftlich zugenommen hat, fallen Kritik und Ablehnung in der untersuchten AfD-Mitgliedschaft doch weitaus deutlicher und zugespitzter aus. Während die Haltungen der Gesamtgesellschaft auch viel Unsicherheit

---

189 Vgl. Handelsblatt (Hrsg.), Deutsche finden Euro gut, 2013. Online unter: http://www.handelsblatt.com/politik/deutschland/exklusivumfrage-deutsche-finden-euro-gu/8037270.html, Zugriff am 30.4.2017
190 Bruttel (2014), S. 277/278
191 Körber-Stiftung (2016), S. 2
192 Bruttel (2014)
193 Körber-Stiftung (2016), Umfrage, S. 3
194 Ebd., Tabellenband, S. 56

verraten, wobei sich die Grundhaltungen im Laufe der Griechenland-Krise verschoben haben, ist für die AfD-Mitgliedschaft die Sache klar: Den Weg der ständigen Ausweitung von EU-Kompetenzen auf Kosten der Mitgliedstaaten wollen sie nicht weiter gehen. Die Bevölkerung sieht das mehrheitlich nicht so: Für eine geringere Bedeutung der EU und einen stärkeren Einflusses der Nationalstaaten plädieren nur 31 %, während 65 % dies ablehnen[195]. 78 % glauben, dass Deutschland nur in einer gemeinsamen europäischen Außenpolitik seine Interessen international durchsetzen kann[196]. Eindeutig ist dieses Ergebnis freilich nicht: Obwohl man Europa auf einem falschen Weg sieht, soll es keine Rückverlagerung von Kompetenzen an die Nationalstaaten geben. An diesen Stellen vertritt die AfD-Mitgliedschaft die Ansichten einer – freilich beträchtlichen – gesellschaftlichen Minderheit.

Während die AfD-Mitgliedschaft auf vielen anderen Politikfeldern eher konservative Einstellungen vertritt, wie sie früher vor allem mit der Union verbunden wurden, zeigt sich in der Außenpolitik ein anderes Bild. Das Amerikabild der Befragten ist weitaus skeptischer als es der Tradition der langjährigen besonderen Amerikafreundlichkeit der Union entspricht, die sich auch heute noch in den Einstellungen der Parteimitglieder widerspiegelt. Umgekehrt wird die Sanktionspolitik gegenüber Russland fast ebenso einhellig abgelehnt wie Auslandseinsätze der Bundeswehr. An diesen Stellen sind erstaunlich viele Berührungspunkte zu den Vorstellungen der Linkspartei zu erkennen. Linkspartei und AfD-Mitgliedschaft unterscheiden sich außenpolitisch eigentlich nur in der Betonung des Nationalen, das sich bei den Linken nicht findet.

Europa wird nicht grundsätzlich abgelehnt, wohl aber der Euro und die Vorstellung eines post-nationalen europäischen Bundesstaates.

---

195 Ebd., Tabellenband, S. 76
196 Ebd., Tabellenband, S. 34

9.7 Deutschland und die Geschichte

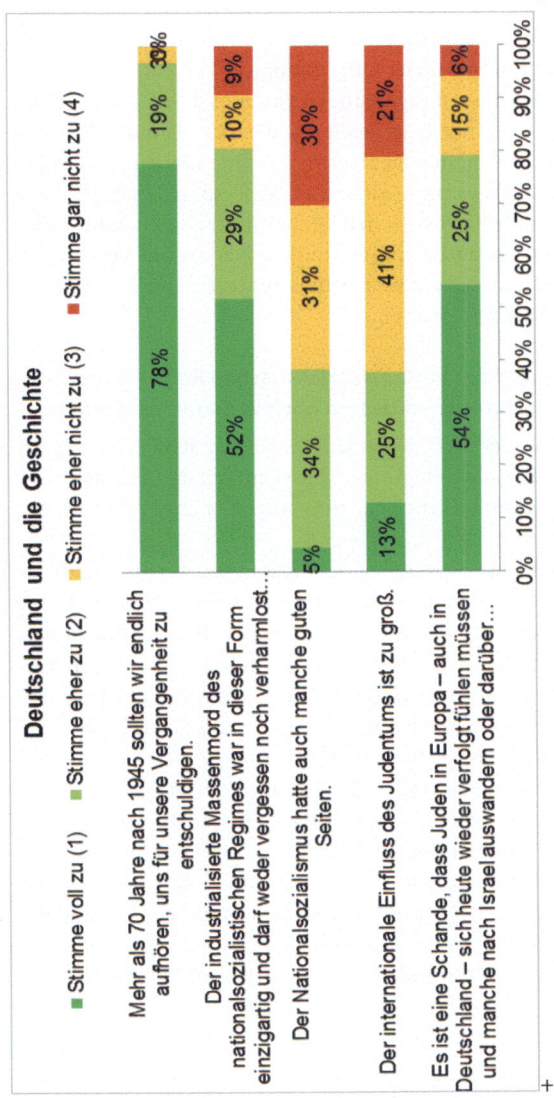

Abb. 23 Deutschland und die Geschichte
Quelle: Eigene Darstellung

Mehr als 70 Jahre nach 1945 sollten wir endlich aufhören, uns für unsere Vergangenheit zu entschuldigen.

Mehr als drei Viertel der Befragten stimmt dieser Aussage voll zu (78 %). Weitere 19 % stimmen eher zu. Das Meinungsbild ist sehr homogen.

Die AfD-Mitglieder sind in dieser Frage nahezu geschlossen Vertreter einer „Schlussstrich-Mentalität". Nach einer Untersuchung der Bertelsmann-Stiftung wurde diese Haltung 2015 von 55 % der Deutschen geteilt. Allerdings standen dem 42 % entgegen, die dieser Auffassung ausdrücklich widersprachen. Dabei sind die Gegner eines solchen „Schlussstrichs" in den letzten Jahrzehnten zahlreicher geworden. 1991 waren noch 60 % dafür eingetreten, dass man die Vergangenheit „ruhen" lassen sollte[197]. Die Gegner dieser Auffassung sind in der befragten AfD-Mitgliedschaft praktisch nicht vertreten.

Der industrialisierte Massenmord des nationalsozialistischen Regimes war in dieser Form einzigartig und darf weder vergessen noch verharmlost werden.

Vier Fünftel der Befragten wenden sich gegen jede Form der Relativierung der Verbrechen des nationalsozialistischen Regimes. 52 % stimmen der Aussage ohne jede Einschränkung zu, 29 % stimmen eher zu. 10 % stimmen eher nicht zu, 9 % überhaupt nicht.

Da in dieser Aussage auch die Einzigartigkeit des Massenmords zum Ausdruck kommt, kann geschlussfolgert werden, dass 81 % der befragten AfD-Mitglieder die Leitlinien der deutschen Erinnerungskultur im Grundsatz oder zumindest überwiegend teilen. Demnach hätten Aufrufe zu einer grundsätzlichen Korrektur dieser Erinnerungskultur, wie sie aus AfD-Kreisen (Höcke) wiederholt zu vernehmen waren und öffentlich breit thematisiert wurden, unter den Mitgliedern der untersuchten Kreisverbände nur geringe Unterstützung.

Vergleichsstudien zeigen in der Gesamtgesellschaft ähnliche Werte wie in der AfD. Nach der Untersuchung von Decker u. a. lehnten 77 % der Bevölkerung die Aussage, dass die Verbrechen des Nationalsozialismus in der Geschichtsschreibung weit übertrieben würden, eindeutig ab. Nur 6 % stimmen ihr ganz oder mit Einschränkung, 15 % teilweise zu[198]. Demnach ließen sich im Geschichtsbild der Befragten in Bezug auf den Nationalsozialismus im Gegensatz zu verbreiteten Annahmen keine signifikanten Unterschiede zur Gesamtgesellschaft erkennen.

---

197 Vgl. Nathanson Hagemann, Deutschland und Israel heute, 2015, online unter: https://www.bertelsmann-stiftung.de/fileadmin/files/BST/Publikationen/Graue Publikationen/Studie_LW_Deutschland_und_Israel heute. Pdf, Zugriff am 3.5.2017
198 Decker/Kiess/Bröhler (2016), S. 30ff.

Lediglich die kleine Gruppe derer, die „gar nicht" zustimmen, liegt in der AfD etwas höher.

Der Nationalsozialismus hatte auch manche guten Seiten.

Eine kleine Minderheit von 5 % stimmt dieser Auffassung voll, immerhin 34 % stimmen teilweise zu. 61 % sind anderer Auffassung; 30 % lehnen die Aussage völlig ab.
In der Vergleichsstudie „Die enthemmte Mitte" fällt die Ablehnung eindeutiger aus. 52 % teilen die Aussage gar nicht, 19 % lehnen sie überwiegend ab. 8,4 % stimmen zu, 20,5 % teilweise[199]. Der Anteil derjenigen, die dem Nationalsozialismus keine guten Seiten abgewinnen können, wäre demnach in der Gesamtbevölkerung etwa 10 % höher als in der befragten AfD-Mitgliedschaft.

Der internationale Einfluss des Judentums ist zu groß.

38 % der Befragten halten den internationalen Einfluss des Judentums für zu groß; 13 % stimmen dieser Auffassung sogar ohne Einschränkung zu. Zwar ist eine Mehrheit anderer Ansicht. Davon widersprechen aber 42 % nur mit Einschränkung. Nur 21 % lehnen die Aussage eindeutig ab.

Annahmen eines angeblich allzu großen Einflusses des Judentums gelten als klassische antisemitische Stereotypen. Insoweit muss die starke Minderheit von 38 %, die die Auffassung eines angeblich privilegierten Zugangs der Juden zur Macht teilt, irritieren. Es ist vor allem diese Aussage, die als Beleg für den Einfluss rechtsradikaler Ideenwelten herangezogen werden kann.

Freilich ist der Kontrast zur Bevölkerungsmehrheit keineswegs sehr groß. Nach den Ergebnissen der Leipziger Mitte-Studie von 2016 wird die Annahme eines solchen übergroßen Einflusses von 67 % der Deutschen abgelehnt (AfD 62 %). 11 % stimmen dagegen ausdrücklich, 21 % teilweise zu. Allerdings ist der Anteil derer, die der Aussage ohne Einschränkung widersprechen, etwa doppelt so groß wie unter den Mitgliedern der untersuchten AfD-Kreisverbände[200].

Dass ein nicht unbeträchtlicher Teil der Deutschen solche Ressentiments hat, machen auch die Antworten auf eine andere Frage deutlich, die in der Mitte-Studie gestellt wird. Knapp 10 % stimmen der Auffassung zu, dass Juden „etwas Besonderes und Eigentümliches" an sich hätten und „nicht so recht zu uns passen"; 18,1 % antworten mit „teils, teils"[201].

---

199 Ebd.
200 Ebd.
201 Ebd., S. 31

Zu ähnlichen Befunden wie Deckert u. a. ist auch Wilhelm Heitmeyer gekommen, der 2011 einen Anteil von 13 % der Deutschen ermittelt hat, der einen übermäßigen jüdischen Einfluss annimmt. 10 % gehen davon aus, dass die Juden durch ihr eigenes Verhalten eine Mitschuld an den Verfolgungen tragen, denen sie ausgesetzt waren oder sind[202]. Die Mitte-Studie hat einen Anteil von 9,5 % ermittelt, die der Aussage zustimmen, „Juden arbeiten mehr als andere mit üblen Tricks, um zu erreichen, was sie wollen". 19 % stimmten dieser Aussage teilweise zu[203].

Demnach wäre davon auszugehen, dass das Potential antisemitischer Vorurteile in der deutschen Bevölkerung in der Nähe von 10 % liegt und bei weiteren 15 bis 20 % antisemitische Stereotypen zumindest eine Rolle spielen. Auch wenn der Antisemitismus in der deutschen Bevölkerung insgesamt zurückgegangen ist, ist das keine ganz unbeachtliche Minderheit[204]. Diese Ressentiments sind in der befragten AfD-Mitgliedschaft überproportional vertreten.

Es ist eine Schande, dass Juden in Europa – auch in Deutschland – sich heute wieder verfolgt fühlen müssen und manche nach Israel auswandern oder darüber ernsthaft nachdenken.

Mehr als drei Viertel der Befragten stimmen der Aussage voll (54 %) oder eher (25 %) zu. 21 % sehen das anders, 6 % uneingeschränkt. Sie sind demnach der Auffassung, dass Juden in Deutschland heute kein Problem haben oder halten es nicht für ein Problem, wenn sich Juden heute wieder verfolgt fühlen.

Vergleichsstudien zeigen, dass die Sensibilität unter der AfD-Mitgliedschaft in dieser Frage deutlich größer ist als im gesellschaftlichen Durchschnitt. Nach der bereits zitierten Studie der Bertelsmann-Stiftung geht nur jeder fünfte Deutsche davon aus, dass Juden in Deutschland heute wieder Probleme mit dem Antisemitismus haben. 77 % dagegen sind davon überzeugt, dass in Deutschland negative Einstellungen gegenüber Juden nur selten oder gar nicht anzutreffen seien[205]. Die Erkenntnis einer weit überdurchschnittliche Sensibilität der befragten AfD-Mitglieder gegenüber dem Problem eines neuen Antisemitismus in Deutschland verträgt sich freilich nur schwer mit dem Befund, dass unter ihnen selbst ein überproportionaler Einfluss antijüdischer Stereotypen zu verzeichnen ist.

---

202 Universität Bielefeld (Heitmeyer u. a.), Deutsche Zustände – Das entsicherte Jahrzehnt, online unter uni-bielefeld.de (vgl. Fußnote 156)
203 Decker/Kiess/Bröhler (2016), S. 30
204 Ebd., S. 45ff.
205 Vgl. Hagemann, Deutschland und Israel…,a. a. O., S. 38ff. (Bertelsmann-Stiftung, vgl. Fußnote 197)

Diese offensichtliche Diskrepanz könnte durch die größere Aufmerksamkeit verursacht sein, die antisemitische Äußerungen aus muslimischen Kreisen in der AfD-Mitgliedschaft aufgrund der dort äußerst islamkritischen Haltungen hervorrufen. Demnach gäbe es bei einer Minderheit der Befragten eine Mischung von antisemitischen Stereotypen und antiislamischen Einstellungen, wobei die Ablehnung des Islam im Zweifel die wichtigere Rolle spielte.

Die Haltung der AfD-Mitglieder zu den Kernfragen der deutschen Erinnerungskultur zeigt ein uneinheitliches Bild. Während eine deutliche Mehrheit jeder Form der Relativierung der nationalsozialistischen Massenmorde widerspricht und insoweit den Einstellungen der Gesamtgesellschaft ungefähr entspricht, ist die Haltung zum Judentum widersprüchlich. Auf der einen Seite skandalisiert eine große Mehrheit die neuen Formen des Antisemitismus, wie sie auch als Folge der Zuwanderung aus muslimischen Ländern aufgetaucht sind. Andererseits lassen sich antisemitische Stereotype bei einer nicht unbeachtlichen Minderheit nicht übersehen. Diese Minderheit ist nach unseren Befragungsergebnissen in der AfD etwas stärker vertreten als in der Gesamtgesellschaft.

9.8 Zustand der Demokratie in Deutschland

Das Volk hat in diesem Land schon lange nicht mehr wirklich etwas zu sagen. Ein schwarz-rot-grünes Machtkartell aus Politik, Wirtschaft und Medien geben in den Kernfragen die Richtung vor.

Diese Aussage findet die geschlossene Zustimmung der befragten AfD-Mitglieder. 89 % stimmen sogar uneingeschränkt zu. Niemand vertritt eine andere Sichtweise.

Repräsentative Erhebungen, die die Befragten mit ähnlichen Aussagen konfrontieren, zeigen ein differenzierteres Bild. Wohl stimmen in der Leipziger Mitte-Studie 73 % der Aussage zu „Leute wie ich haben sowieso keinen Einfluss auf das, was die Regierung tut", doch sind nur 34 % uneingeschränkt dieser Ansicht[206].

Die beiden Aussagen sind auch nur eingeschränkt vergleichbar. Der äußerst kritische Blick der AfD-Mitglieder auf Gesellschaft und Demokratie unterscheidet sich beträchtlich vom gesellschaftlichen Durchschnitt.

---

206 Decker/Kiess/Bröhler (2016), S. 54

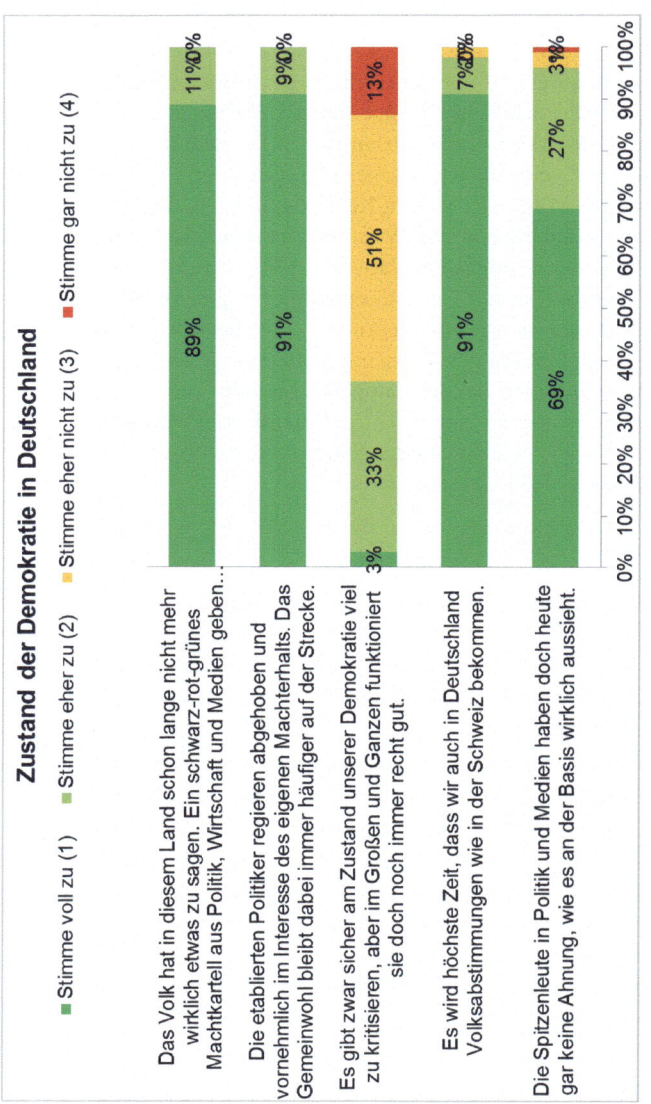

Abb. 24 Zustand der Demokratie in Deutschland
Quelle: Eigene Darstellung

9 Politische Einstellungsmuster

Die etablierten Politiker regieren abgehoben und vornehmlich im Interesse des eigenen Machterhalts. Das Gemeinwohl bleibt dabei immer häufiger auf der Strecke.

Auch dieser Aussage stimmen alle Befragten zu, 91 % sogar in vollem Umfang. Wie zahlreiche empirische Befunde belegen, ist das Ansehen von Politik und Politikern in den letzten Jahrzehnten deutlich gesunken. Der Eindruck „abgehobener" Politiker, die vor allem im eigenen Interesse unterwegs seien, ist weit verbreitet. Die Schärfe des Negativurteils in der AfD-Mitgliedschaft übertrifft jedoch die kritischen Urteile der Gesamtbevölkerung bei weitem. So hat etwa das Politbarometer ermittelt, dass immerhin 26 % der Bevölkerung 2010 davon ausgingen, dass das Gemeinwohl in der Politik im Mittelpunkt stehe[207]. Bei den Befragten ist diese Haltung praktisch gar nicht vertreten.

Es gibt zwar sicher am Zustand unserer Demokratie viel zu kritisieren, aber im Großen und Ganzen funktioniert sie doch noch immer recht gut.

Hier zeigt sich ein differenziertes Bild. Immerhin 33 % stimmen der Aussage eher zu, 51 % lehnen sie eher ab. 13 % widersprechen sogar entschieden. Zwar wird die Aussage von zwei Dritteln nicht geteilt. Sie haben offensichtlich ein negativeres Bild vom Zustand der deutschen Demokratie. Dass aber mehr als vier Fünftel der Befragten die beiden mittleren Bewertungsmöglichkeiten gewählt haben, deutet daraufhin, dass das Gesamturteil zur Demokratie in Deutschland nicht so pauschal ausfällt, wie man vielleicht vermuten könnte.

Die Zufriedenheit der Bürger mit dem Funktionieren der Demokratie im eigenen Land wird häufig untersucht. Nach den Zahlen im Datenreport 2016 des Statistischen Bundesamtes waren 71 % der Befragten mit der Demokratie zufrieden. Dabei zeigte sich allerdings ein starkes Gefälle zwischen West und Ost. Während in den alten Bundesländern 77 % der Befragten Zufriedenheit äußerte, lag dieser Anteil in Ostdeutschland nur bei 47 %[208].

Die Mitte-Studie hat 2016 zwischen der Haltung der Bevölkerung zur Demokratie, „wie sie in der Verfassung vorgesehen ist", und der Haltung zur Demokratie „wie sie in der Bundesrepublik Deutschland funktioniert", unterschieden. Zusätzlich wurde nach der „Demokratie als Idee" gefragt. Nach den Ergebnissen der Studie stimmen 94 % der Demokratie als Idee zu. 76 % der Deutschen befürworten die Demokratie in der von der Verfassung vorgesehenen Form. Die Demokratie, wie

---

207 Forschungsgruppe Wahlen, Politbarometer Januar 2010, online unter: http://www.forschungsgruppe.de/Umfragen/Politbarometer/Archiv/Politbarometer_2010/Januar_II/, Zugriff am 1.5.2017
208 Vgl. Statistisches Bundesamt (Hrsg.), Datenreport 2016, S. 408

sie in der Praxis in Deutschland tatsächlich funktioniert, stößt freilich nur bei 52 % auf Zustimmung, wobei diese Zustimmung in Ostdeutschland mit 44 % deutlich geringer ist als im Westen, wo 55 % eine positive Grundeinstellung zum Ausdruck bringen[209]. Die AfD-Mitglieder sind hier deutlich kritischer.

Es wird höchste Zeit, dass wir auch in Deutschland Volksabstimmungen wie in der Schweiz bekommen.

Auch diese Aussage stößt bei einer überwältigenden Mehrheit der AfD-Mitglieder auf Zustimmung (98 %).

Repräsentativbefragungen der Bundesbürger zur Einführung von Volksentscheiden auf Bundesebenen zeigen regelmäßig Mehrheiten von 60 % bis 70 %, die das befürworten. Eine Infratest-Befragung aus 2016 ergab sogar eine Mehrheit von 71 %[210]. Ob durch Volksentscheide auch bessere Ergebnisse zu erwarten wären, darüber sind sich die Menschen freilich weniger sicher. Nur 43 % glauben, dass das der Fall wäre[211].

Die Spitzenleute in Politik und Medien haben doch heute gar keine Ahnung, wie es an der Basis wirklich aussieht.

Auch diese Aussage wird von den Befragten nahezu einmütig befürwortet. 69 % stimmen voll, 27 % eher zu.

Die Antworten der AfD-Mitglieder zum Zustand der Demokratie in Deutschland zeigen mit einer Ausnahme ein sehr homogenes Bild. Eine abgehobene gesellschaftliche Elite aus Politik, Medien und Wirtschaftsleuten, die von den wirklichen Problemen der Menschen nur wenig Kenntnis nehmen und in erster Linie im eigenen Interesse handele, bestimmt das politische Geschehen in Deutschland. Insoweit widerspiegeln sich in den Grundhaltungen der Befragten typische Muster einer anti-etablierten Partei mit populistischen Zügen. Das gute Volk steht gegen die mehr oder weniger „verkommenen", jedenfalls abgehobenen und selbstsüchtigen Eliten, die ein Machtkartell bilden.

---

209 Decker/Kiess/Bröhler (2016), S. 52
210 Vgl. Infratest dimap, Hoher Zuspruch für bundesweite Volksentscheide, 2016, online unter: https://www.infratest-dimap.de/umfragen-analysen/bundesweit/umfrage/aktuell/hoher-zuspruch-fuer-bundesweite-volksentscheide-groessere-vorbehalte-bei-plebisziten-ueber fluechtlinge, Zugriff am 30.4.2017
211 Vgl. Statista, Glauben Sie, dass es bei Volksentscheiden zu besseren Entscheidungen kommt als bei Entscheidungen in den Parlamenten ? online unter: https://de.statista.com/statistik/daten/studie/572901/umfrage-zur-guete-der-entscheidungen-durch-volksentscheide/, Zugriff am 3.5.2017

Im Gesamturteil über die Demokratie von heute ist man sich freilich uneins. Dass ein gutes Drittel der Mitgliedschaft die Auffassung teilt, dass die Demokratie im Großen und Ganzen ganz gut funktioniere, zeigt, dass das Weltbild doch nicht so geschlossen und dichotomisch angelegt ist. Trotz der Außen- und Randposition, die die Partei im politischen System einnimmt und in dem sie von den etablierten Institutionen erst recht auch wahrgenommen wird, kommt eine starke Minderheit der Befragten zu einer differenzierten Einschätzung.

9.9 Natur und Umwelt

Der Verzicht auf die Atomkraft ist energiepolitisch falsch, belastet die Umwelt und ist unnötig teuer.

Über 70 % der befragten AfD-Mitglieder halten den Atomausstieg für falsch. Nur 28 % sehen das anders.

Mit dieser Haltung stehen die Befragten nicht nur im Gegensatz zur Haltung aller anderen Parteien. Sie stehen auch im Gegensatz zur mehrheitlichen Auffassung der Bevölkerung. 2016 wurde die Politik des Verzichts auf die Atomkraft von 70 % der Bürger unterstützt. 20 % zeigten sich in dieser Frage unsicher[212].

Die Erhaltung von Natur und Umwelt müssen erstrangige Ziele der Politik sein.

Dass der Erhaltung von Natur und Umwelt erstrangige politische Bedeutung zukommen müsse, wird auch von der Mehrheit der AfD-Mitglieder so gesehen. Die Tatsache, dass 39 % dieser Aussage nur mit Einschränkung zustimmen, lässt sich als Indiz für die Frontstellung begreifen, die man gegenüber den Grünen empfindet, denen diese Themen in besonderer Weise zugerechnet werden.

Dass die Deutschen fast einhellig diese Fragen als wichtige Themen ansehen, ist durch empirische Untersuchungen vielfach belegt. Allerdings war 2016 nur ein Fünftel der Bevölkerung der Auffassung, dass sie ganz oben auf die politische Agenda gehörten.

---

212 Fünf Jahre nach dem Ausstiegsbeschluss der Bundesregierung führte das Marktforschungsinstitut YouGov im Auftrag des Energieunternehmens LichtBlick eine Repräsentativbefragung durch. Vgl. Ja zum Atomausstieg, online unter; https://www.lichtblick.de/medien/news/2016/06/fünf-jahre-danach-ja-zum-atomausstieg, Zugriff am 2.5.2017

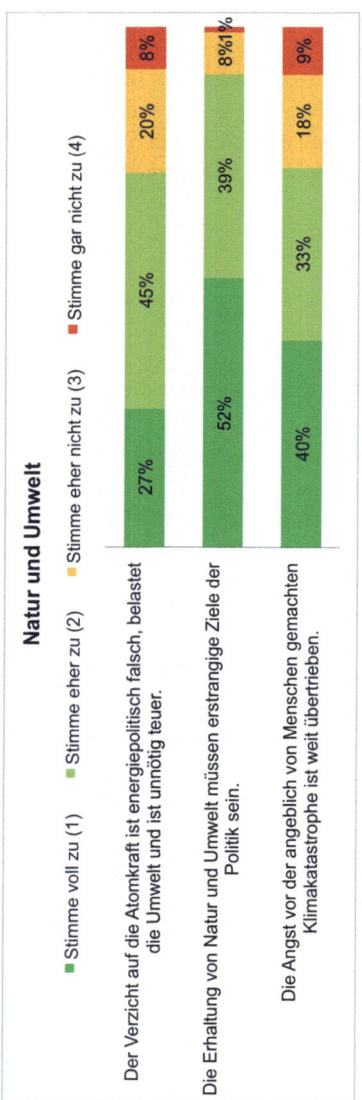

Abb. 25 Natur und Umwelt
Quelle: Eigene Darstellung

9 Politische Einstellungsmuster

Die Angst vor der angeblich Menschen gemachten Klimakatastrophe ist weit übertrieben.
73 % der Befragten stimmen dieser Aussage zu, 40 % sogar uneingeschränkt. Nur 9 % stimmen gar nicht zu.

Damit unterscheiden sich die befragten AfD-Mitglieder deutlich von den Einstellungen der Gesamtgesellschaft. Nach den Ergebnissen einer Repräsentativbefragung für den Bericht der Bundesregierung zum Umweltbewusstsein in Deutschland hielten 2016 53 % der Bundesbürger Umwelt- und Klimaschutz für sehr wichtig, 37 % für wichtig. 55 % hielten die Klimaerwärmung für sehr bedrohlich, 34 % für bedrohlich. 52 % stimmten der Aussage, „wir müssen jetzt schnell Maßnahmen gegen den Klimawandel umsetzen", voll, 35 % „eher" zu[213].

Zwei Studien aus 2011 weisen aus, dass die Gruppe der „Klimaskeptiker", die entweder den Klimawandel nicht für erwiesen oder den Anteil der menschlichen Einflüsse darauf für eher weniger bedeutsam hält, in Deutschland eher gering ist. Nach einer Studie des Hamburger Klima-Exzellenzcluster sind 10 % der Bevölkerung zu den „Zweiflern" zu rechnen und stehen 20 % dem Problem „indifferent" gegenüber[214]. Eine andere Studie der Universität Hamburg hat mit 7 % eine noch geringere Zahl an Zweiflern ermittelt[215].

In den beiden wichtigsten Fragen der Umweltpolitik – Energiewende und Klimaschutz – unterscheiden sich die befragten AfD-Mitglieder deutlich vom Querschnitt der Gesellschaft. Die Grundannahmen der deutschen Umwelt- und Energiepolitik, die in allen etablierten Parteien breit verankert sind, werden von einer Mehrheit nicht geteilt.

---

213 Vgl. Bundesministerium für Umwelt, Naturschutz, Bau und Reaktorsicherheit, Umweltbewusstsein in Deutschland 2016, Ergebnisse einer repräsentativen Bevölkerungsumfrage, Berlin 2017, hier S. 17-20
214 Studie des Hamburger Klima-Exzellenzclusters CliSAP, online unter https://www.Klimafakten.de/meldung/in-Sachen-Klimawandel-ist-Deutschland-fuenfgeteilt, Zugriff am 11.1.2018
215 Studie der Universität Hamburg, online zitiert nach: www.spiegel.de/wissenschaft/mensch/Klimawandel-Skeptiker-sind-in-deutschland-eine-Minderheit-a-906481.html, Zugriff am 11.1.2018. Vgl. auch das Fachmagazin Global Environmental Change vom Oktober 2013, S. 1018ff.

Das rechtsradikale Potential   10

Was lässt sich aus den Antworten der befragten AfD-Mitglieder über das Ausmaß rechtsradikaler Einstellungen und Weltbilder in den untersuchten Kreisverbänden sagen? Wie groß ist die Unterstützung an der Basis für die Forderungen nach einem „Geschichtsrevisionismus", wie er aus den Reden von Björn Höcke und einigen anderen AfD-Politikern besonders aus Ostdeutschland herausgedeutet wird?

Rückschlüsse darauf erlauben vor allem die Aussagen zum Themenfeld „Deutschland und die Geschichte". Hier haben 19,5 % der Befragten der Aussage „Der industrialisierte Massenmord des nationalsozialistischen Regimes war in dieser Form einzigartig und darf weder vergessen noch verharmlost werden" gar nicht oder eher nicht zugestimmt; 9,2 % haben sie sogar uneingeschränkt zurückgewiesen.

13 % halten den internationalen Einfluss des Judentums ohne Einschränkung für zu groß, 25 % stimmen dieser Aussage eher zu. 15 % halten es eher nicht für eine Schande, dass sich Juden in Europa heute wieder verfolgt fühlen müssen, 6 % stimmen dem überhaupt nicht zu. 5 % bringen ihre Zustimmung zu dem Satz, dass der Nationalsozialismus auch seine guten Seiten hatte, uneingeschränkt zum Ausdruck. Das sind keine Mehrheiten – bei weitem nicht. Aber ganz vereinzelt sind diese Stimmen auch nicht.

Wir haben die Gruppe derjenigen, die den Kernsatz der deutschen Erinnerungskultur völlig ablehnen (9 %), näher zu beleuchten versucht. Dabei ergibt die Korrelationsanalyse ein aussagekräftiges Bild. Alle acht Personen, die dieses „Essential" der Erinnerungskultur ablehnen, halten auch den internationalen Einfluss des Judentums für zu hoch.

Jeder aus dieser Gruppe lehnt den Satz „Asylrecht ist Menschenrecht. Deutsche sollten da besonders sensibel sein", ab. Sechs von ihnen finden, dass der Nationalsozialismus auch seine guten Seiten hatte. Fünf halten es nicht für eine Schande, dass sich Juden in Europa heute wieder verfolgt fühlen müssen.

Niemand aus dieser Gruppe tritt für eine Gleichstellung von Ehen und gleichgeschlechtlichen Partnerschaften ein. Sechs der acht empfinden Homosexualität

© Springer Fachmedien Wiesbaden GmbH, ein Teil von Springer Nature 2018
H. Kleinert, *Die AfD und ihre Mitglieder*,
https://doi.org/10.1007/978-3-658-21716-7_10

als unmoralisch und widernatürlich oder stimmen dieser Aussage zumindest eher zu – in deutlichem Kontrast zur großen Mehrheit ihrer Parteikollegen. Alle Mitglieder dieser Gruppe halten Deutschland in vielerlei Hinsicht für eine Kolonie der USA. Sechs dieser acht sind der Auffassung, Frauen sollten sich wieder stärker auf ihre Rolle als Hausfrau und Mutter besinnen.

Keiner der acht nennt die NPD als Partei, zu der die größten Differenzen bestehen. Zugleich liegt die Selbsteinschätzung dieser Gruppe auf der Rechts-Links-Achse mit einem Durchschnittswert von 7,4 deutlich weiter rechts als der Durchschnittswert der Selbsteinstufung aller Befragten (6,58).

Wenn sechs Personen gleichzeitig den Nationalsozialismus verharmlosen, den internationalen Einfluss des Judentums für zu groß halten, gute Seiten am Nationalsozialismus erkennen, Homosexualität als unmoralisch und widernatürlich empfinden, Deutschland für eine Kolonie der USA halten und der Auffassung sind, dass sich Frauen wieder stärker auf ihre Rolle als Hausfrau und Mutter besinnen sollten und gleichzeitig zwei weitere Personen in den allermeisten Punkten diesen Auffassungen zustimmen, dann liefert diese Korrelationsanalyse hinreichende Belege dafür, dass bei diesen Befragten von rechtsradikalen Einstellungsmustern auszugehen ist. Die Relativierung der NS-Verbrechen korrespondiert mit dem Stereotyp vom übergroßen Einfluss des Judentums und der Ansicht, das NS-Regime habe auch seine guten Seiten gehabt.

Bei mindestens sechs der befragten AfD-Mitglieder existieren mehr oder weniger geschlossene rechtsradikale Weltbilder. Weitere zwei müssen hinzugerechnet werden, weil die Abweichungen in der Korrelationsanalyse nur marginal sind. Es muss demnach von einem rechtsradikalen Potential von 8 bis 10 % in der Mitgliedschaft der beiden Kreisverbände ausgegangen werden.

Nimmt man die Gruppe derer hinzu, die bei den Kernsätzen zur NS-Zeit ein „stimme eher nicht zu" vermerkt haben, steigt der Anteil derer, die von diesem Gedankengut zumindest beeinflusst sind, auf knapp 20 %. Freilich sind die Ergebnisse der Korrelationsanalyse in dieser zweiten Gruppe weniger eindeutig. Als wirklich valide lässt sich deshalb nur das erste Ergebnis ansehen.

Die Auffassung, dass es sich bei der AfD um eine rechtsradikale Partei handele, lässt sich mit diesen Zahlen nicht untermauern. Für die große Mehrheit der Mitglieder in den beiden untersuchten Kreisverbänden trifft das jedenfalls nicht zu. Diese Mehrheit umfasst in den untersuchten Kreisverbänden mindestens 80 %. Weder vertreten sie ein Geschichtsbild, das die NS-Zeit verharmlosen wollte, noch handelt es sich um Rassisten oder Antisemiten. Als bedenklich lässt sich freilich die im Vergleich zur Gesamtgesellschaft relativ große Minderheit interpretieren, die den internationalen Einfluss des Judentums für zu groß halten.

10 Das rechtsradikale Potential

Von besonderem Interesse ist hier der Vergleich mit der Gesamtbevölkerung. Die Leipziger Mitte-Studie hat 2016 einen Bevölkerungsanteil von 5,4 % mit einem geschlossenen rechtsextremen Weltbild ermittelt[216]. Nach Wilhelm Heitmeyer gab es 2011 ein „rechtspopulistisches Potential" von 9,2 %[217].

Gemessen daran ist ein rechtsradikales Potential von etwa 8–10 %, wie wir es ermitteln konnten, für eine Partei rechts von der Mitte kein sehr erstaunlicher Befund. Er entspricht eher nicht dem in der Öffentlichkeit vorherrschenden Bild der Partei. Problematisch wird der Befund allerdings dadurch, dass die Partei durch ihre Weigerung, klare Trennungsstriche zu ziehen, Übergänge fließend und Einflussmöglichkeiten für Rechtsradikale offen hält.

Mit ihrem Anfangserfolg entstehen für die überwiegend von Protestmotiven gegen Einwanderung und „rot-grün-versiffter 68er Kultur" (Meuthen) getragenen Partei auch neue Einflusschancen für ehemalige rechte Sektierer. Da Ideologen mit Sendungsbewusstsein immer überproportional motiviert und mobilisierbar sind, verfügen sie in Aufstiegsphasen fundamentaloppositioneller Parteien leicht über privilegierte Einflusschancen oder haben jedenfalls gute Chancen, sich diese zu erkämpfen. Ein überzogener Empörungsfuror der etablierten Gesellschaft kann dabei sogar hilfreich sein, weil der Angriff von außen Solidarisierungseffekte auslöst und sich ihre Kritiker womöglich dem Vorwurf aussetzen, dem politischen Gegner eine offene Flanke zu bieten oder gar als Stichwortgeber zu dienen. Darin dürfte das Problem der AfD eher liegen als im tatsächlichen und zahlenmäßig nachweisbaren Gewicht der Einflüsse rechtsradikaler Ideenwelten.

---

216 Vgl. Decker/Kniess/Bröhler (2016), S. 48
217 Vgl. Universität Bielefeld (Heitmeyer), Deutsche Zustände…,S. 18 (vgl. Fußnote 156)

Fazit 11

Die beiden untersuchten AfD-Kreisverbände werden von Männern der mittleren und älteren Altersjahrgänge geprägt. Etwa die Hälfte von ihnen ist über 55 Jahre alt, drei Viertel sind älter als 45. 20 % befinden sich bereits im Pensionsalter, nur 10 % sind unter 35.

Die Mitglieder sind überdurchschnittlich gebildet. Etwa die Hälfte von ihnen hat einen Hochschulabschluss erreicht, was angesichts des Altersdurchschnitts weit über dem Schnitt der deutschen Gesellschaft liegt. Ungefähr 50 % sind als Selbständige oder Angestellte in der Privatwirtschaft tätig, ein Viertel Rentner oder Pensionäre. Der Anteil der im öffentlichen Dienst Beschäftigten liegt mit 13 % unter dem Anteil in anderen Parteien. Nur 6 % der Mitglieder sind Arbeiter, was ungefähr dem Arbeiteranteil in der CDU-Mitgliedschaft entspricht (5 %). Die deutsche Parteimitgliederstudie hatte 2009 einen Arbeiteranteil von 11 % an den Mitgliedern aller deutschen Parteien ermittelt[218].

Der relativ hohe Stimmenanteil, den die AfD unter den Arbeitern erreicht (21 % der Arbeiter haben bei der Bundestagswahl am 24. September AfD gewählt), spiegelt sich demnach in der Mitgliederstruktur nicht entsprechend wider.

Die befragten AfD-Parteimitglieder sind materiell überdurchschnittlich gut ausgestattet. Drei Viertel verfügen über ein monatliches Nettoeinkommen von mehr als 2.000 Euro, 30 % liegt über 4.000 Euro. Mehr als zwei Drittel sind verheiratet, 17 % leben in einer festen Partnerschaft. 72 % haben Kinder, 21 % mehr als zwei. Unter den Informationsquellen der AfD-Mitglieder spielt das Internet die wichtigste Rolle.

Ein knappes Viertel war bereits früher einmal Mitglied einer Partei. 43 % davon gehörten früher der CDU an, 33 % der SPD. Eine geringe Rolle spielen ehemalige

---

218 Vgl. Klein (2011), S. 50

© Springer Fachmedien Wiesbaden GmbH, ein Teil von Springer Nature 2013
H. Kleinert, *Die AfD und ihre Mitglieder*,
https://doi.org/10.1007/978-3-658-21716-7_11

Mitglieder der NPD oder der Republikaner. Niemand der Befragten hat einmal der NPD angehört, einer war bei den Republikanern.

Die Hälfte der Befragten hat früher die Unionsparteien gewählt, 15 % die SPD, 14 % die FDP, 6,5 % die Grünen. Nur einer gibt sich als ehemaliger NPD-Wähler zu erkennen. 4 % haben früher den Republikanern ihre Stimme gegeben.

Als politische Zweitpräferenz nennen 70 % der AfD-Mitglieder die Unionsparteien, wobei die CSU mit 55 % deutlich vor der CDU liegt (16 %). 14 % nennen die FDP und die Republikaner. So gut wie nicht vertreten ist hier die SPD, die noch hinter der Linkspartei liegt.

Die größte Distanz haben die AfD-Mitglieder zu den Grünen. Etwa die Hälfte nennt sie als die Partei, von der man am weitesten entfernt sei. Es folgen Linkspartei und NPD in deutlichem Abstand. Dann kommt die SPD. 12 % nennen die CDU.

Auf der rechts-links-Skala ordnet sich die große Mehrheit der Mitglieder zwischen 5 und 8 ein. Im Durchschnitt liegt die Selbsteinschätzung mit 6,58 deutlich rechts von der Mitte, aber nur geringfügig entfernt von der Selbsteinschätzung der CDU-Mitglieder.

In der Politikerbewertung zeigen sich typische Einschätzungen einer jungen Protestpartei, die sich als Fundamentalopposition versteht. Sehr gute Bewertungen erhalten nur die Repräsentanten der eigenen Partei, wobei die Unterschiede gering ausfallen. Mit einer Ausnahme liegen die Bewertungen der Vertreter der anderen Parteien im Minusbereich. Allein Sarah Wagenknecht erreicht mit plus eins einen überraschend hohen Wert. Horst Seehofer liegt nur leicht im Minusbereich und erhält insgesamt eine mittlere Bewertung. Alle anderen liegen deutlich im Minusbereich.

Sowohl Angela Merkel als auch Martin Schulz erhalten sehr negative Bewertungen. Über zwei Drittel der Befragten vergeben an beide die schlechteste aller möglichen Noten. Übertroffen wird die Aversion gegen diese Spitzenpolitiker der zum Zeitpunkt der Befragung gemeinsam regierenden Parteien nur noch von der Abneigung gegenüber Claudia Roth. 90 % der befragten AfD-Mitglieder geben ihr die schlechteste mögliche Bewertung.

Bei den Themen Innere Sicherheit und Migration zeigt sich ein überaus homogenes Meinungsbild. Dass der Ausländerzuzug eine entscheidende Ursache für zunehmende Kriminalität und Sicherheitsgefährdungen ist, gilt nahezu allen als ausgemacht. So gut wie niemand hält die Einwanderer für eine kulturelle Bereicherung. Fast alle meinen, dass der Islam nicht zu Deutschland gehöre und die meisten Asylbewerber Wirtschaftsflüchtlinge seien. Kontrovers wird nur die Grundfrage des Asylrechts und die besondere Bedeutung für Deutschland gesehen. Dass eine starke Minderheit die besondere Wichtigkeit des Asylrechts im Grundsatz bejaht, kann freilich als Indiz dafür gelten, dass sich die Vorstellungswelten der

AfD-Mitgliedschaft sich auch in diesen Fragen jedenfalls nicht völlig abgekoppelt haben vom gesellschaftlichen Mainstream. Wo viele Grundfragen der Einwanderung in der deutschen Gesellschaft insgesamt umstritten sind, verkörpert die AfD-Mitgliedschaft nahezu geschlossen den einen der beiden Pole. Einwanderung aus fremden Kulturkreisen sollte möglichst gar nicht oder nur äußerst begrenzt überhaupt stattfinden. Der Islam gehört nicht zu Deutschland, Zuwanderung ist keine Bereicherung. Bei den Ressentiments gegenüber Sinti und Roma übertreffen die AfD-Mitglieder die Ablehnungsraten in der Gesamtgesellschaft deutlich.

Gleichwohl werden die von den AfD-Mitgliedern artikulierten Vorstellungen von beträchtlichen Teilen der Gesellschaft geteilt. In einigen Fragen entsprechen sie sogar der Einstellung von Mehrheiten. Das gilt für die große Skepsis gegenüber der Einwanderung aus der muslimischen Welt ebenso wie für die Zurückweisung des Satzes, der Islam gehöre zu Deutschland.

Ist die Haltung der AfD-Mitglieder in Fragen der Zuwanderung und der inneren Sicherheit sehr homogen, so zeigt sich beim Thema Frauen, Familie und Geschlechterrollen ein differenzierteres Bild. Die landläufige Vorstellung, die AfD vertrete ein äußerst konservatives, ja reaktionäres Frauenbild, lässt sich durch unsere Erhebungen eher nicht bestätigen. Über die Hälfte der Mitglieder hält Frauen im Arbeitsleben noch immer für benachteiligt. Und dass Frauen im Heim und am Herd ihre eigentliche Bestimmung hätten, diese Auffassung wird von einer großen Mehrheit abgelehnt.

Mehr als zwei Drittel weisen auch den Satz zurück, dass Homosexualität widernatürlich und unmoralisch sei. Zwar lehnt die klare Mehrheit die Gleichstellung von Ehe und gleichgeschlechtlichen Lebensgemeinschaften ab. Eine Einstufung der AfD als homophobe Partei lässt sich jedoch durch unsere Daten kaum begründen. Die Vorbehalte gegenüber der „Ehe für alle" sind in der CDU-Mitgliedschaft nicht viel geringer.

Das Geschlechterrollenbild ist in der AfD konservativer als in den anderen Parteien. Die Familienorientierung ist ausgeprägter, die Reserven gegenüber dem Feminismus sind höher als in der Gesamtgesellschaft. Auch die Minderheit, die gleichgeschlechtliche Neigungen nicht akzeptieren kann, ist größer als anderswo. Gleichwohl lässt sich nach unseren Ergebnissen nicht sagen, dass die AfD das Familienbild und die Moralvorstellungen der fünfziger Jahre verträte Auch die AfD-Mitgliedschaft ist von den Wandlungsprozessen der Moderne berührt worden. Deswegen erscheinen pauschale Urteile wie „frauenfeindlich" oder „antiemanzipatorisch" nach unseren Daten doch eher übertrieben.

Im Unterschied zu ihren migrations- und islamkritischen Vorstellungen, wo die AfD-Mitglieder in einigen Fragen auf breiten Rückhalt in der Gesellschaft rechnen können, gehören sie mit ihren familien- und geschlechterpolitischen Leitbildern zu einer mehr oder weniger großen Minderheit der Gesellschaft, die in den letzten Jahren und Jahrzehnten deutlich geschrumpft ist.

In den außenpolitischen Vorstellungen der AfD-Mitglieder offenbart sich eine überraschende Nähe zur Linkspartei – sieht man von der Betonung des Nationalen in der AfD einmal ab. Mehrheiten in beiden Parteien stimmen sowohl in der klaren Ablehnung von Out of Area-Einsätzen der Bundeswehr, dem kritischen Blick auf Amerika, aber auch in ihrer Ablehnung der Sanktionspolitik gegenüber Russland überein. In der Außenpolitik zeigt sich auch ein deutlicher Unterschied zu den konservativen Traditionen der Union, die sich stets sehr amerikafreundlich verstand. Dass diese Traditionen freilich auch in der AfD noch eine Rolle spielen, machen die 47 % deutlich, die dem Satz zumindest eher zustimmen, dass Amerika auch heute noch wichtigster Bündnispartner der Bundesrepublik und Garant der Freiheit sei.

Dennoch ist das Ausmaß der Russland-Freundlichkeit erstaunlich und nicht leicht zu interpretieren. Zwar ist auch in der Gesellschaft die Ukraine-Politik der Bundesregierung durchaus umstritten und wird die Boykottpolitik gegenüber Russland keineswegs überall nachvollzogen. Doch dass die AfD-Mitglieder Amerika kritischer sehen als die Wähler der Linkspartei, während Putins Russland bei ihnen in einem eher milden Licht erscheint, überrascht schon. Ist es das Faszinosum des Autoritarismus, sind es die vielen Aussiedler, die sich mit ihren oft sehr konservativen Vorstellungen von der AfD angezogen fühlen? Ist es die Vorstellung vom Vorrang des Nationalen, der eine universelle Moral nicht anerkennen mag und deshalb menschenrechtliche Orientierungen in der Außenpolitik ablehnt? Unsere Daten erlauben keine abschließenden Erklärungen.

In den Grundfragen der Wirtschafts-, Finanz- und Sozialpolitik entsprechen die Einstellungsmuster der AfD-Mitglieder weitgehend dem widersprüchlichen Bild, das sich auch bei repräsentativen Erhebungen in der Gesamtgesellschaft vielfach gezeigt hat. Einerseits werden die marktwirtschaftlichen Ideale der Bundesrepublik von einer Mehrheit bejaht. Wer tüchtig ist, werde es auch zu etwas bringen, davon sind auch die meisten AfD-Mitglieder überzeugt. Subventionen sollen abgebaut werden. Und dass zu viel Sozialstaat die Eigeninitiative hemme, davon geht eine Mehrheit der Befragten aus.

Lassen sich solche Vorstellungen als Indiz für die Verbreitung eher wirtschaftsliberaler Einstellungen auffassen, so zeigt sich andererseits ein überaus kritischer Blick auf die Globalisierung und die Reichtumsverteilung in der Bundesrepublik, der an eine Linkspartei erinnert. Drei Viertel der AfD-Mitglieder sehen mit der Globalisierung mehr Nachteile als Vorteile verbunden. Eine übergroße Mehrheit tritt für eine wesentlich stärkere Regulierung des Bankensektors ein. Dass die Schere zwischen arm und reich immer weiter auseinandergehe, meinen sogar

11 Fazit

90 % der Befragten. Die AfD-Mitglieder übertreffen hier noch die kritische Sicht der Gesamtgesellschaft.

Zusammenfassend lässt sich von einer widerspruchsvollen Kombination aus wirtschaftsliberalen und sozialkritischen Einstellungen sprechen, die sich in unserer Untersuchung widerspiegelt. Dabei fällt auf, dass die AfD-Mitgliedschaft in der Haltung zur Globalisierung und der Rolle der Banken deutlich kritischer eingestellt ist als die Gesamtgesellschaft.

In der Umwelt- und Energiepolitik setzt sich die Mehrheit erkennbar ab vom überparteilichen Mainstream. Der Verzicht auf die Atomenergie und die damit verbundene Energiewende wird von einer Mehrheit abgelehnt. Mehr als zwei Drittel halten auch die Klimaschutzpolitik für falsch. Aus ihrer Sicht würden die Gefahren übertrieben, die durch einen vom Menschen gemachten Klimawandel drohen.

Auf keinem anderen Gebiet sind die Differenzen zur Gesamtgesellschaft so groß wie hier. Dies gilt für die Klimapolitik in besonderer Weise. Die AfD-Mitglieder machen sich hier zum Sprecher einer zahlenmäßig kleinen Minderheit.

Auch hier fällt die Erklärung nicht leicht. Möglicherweise hat das mit der besonderen Frontstellung gegenüber den Grünen zu tun, in der man sich sieht. Auch könnten die Anhänger verschwörungstheoretischer Annahmen hier eine besondere Rolle spielen, die den Klimawandel als Erfindung des angeblich alles beherrschenden etablierten Medien- und Politik-Machtkartells ansehen. Verschwörungstheoretische Weltbilder sind in neuen Parteien mit fundamentaloppositionellem Selbstverständnis oft überproportional vertreten.

Typisch für eine populistische Protestpartei sind die Einschätzungen zum Zustand der Demokratie. Das Bild vom schwarz-rot-grünen Machtkartell, das in Deutschland alles bestimme, wird von nahezu allen geteilt. Auch die fast einhellige Befürwortung einer Volksabstimmungsdemokratie nach Schweizer Vorbild lässt sich als Ausdruck eines Weltbildes verstehen, in dem der guten Basis bzw. den guten Bürgern eine abgehobene und verderbte Elite gegenübersteht. Interessant ist freilich, dass eine starke Minderheit von 36 % der Auffassung zumindest eher zustimmt, dass die Demokratie bei allen Mängeln insgesamt doch noch recht gut funktioniere. Im Blick darauf ließe sich fast von einem Realo-Flügel sprechen. Ganz monolithisch sind die Einstellungen auch an dieser Stelle also nicht.

Insgesamt zeigt die Untersuchung das Bild einer Protestpartei, die sich in ihrer klaren Ablehnung der deutschen Migrationspolitik ebenso einig ist wie in der Vorstellung eines grundlegenden Gegensatzes zwischen den etablierten Meinungsführern und der AfD. Ahnungslose, womöglich korrupte, Eliten regieren über die Köpfe der Bürger hinweg – so sieht es der AfD-Mainstream in den untersuchten Kreisverbänden.

Aus diesem Blickwinkel erscheint zwar die Charakterisierung der AfD als populistische Partei auch mit unseren Daten durchaus begründbar. Allerdings ist die Unterstellung eines solchen Gegensatzes keineswegs allein ein Merkmal rechter Parteien. An einigen Stelle kann die AfD auch an die Anfänge der Grünen erinnern, so mit ihrer Unterstellung eines prinzipiellen Gegensatzes von „guter" Basis und den „bösen" Eliten (s.oben). Dichotomische Weltbilder können als typischer Wesenszug neuer Parteien gelten, die von den Rändern des politischen Systems aus in das System eindringen. Das ist schon deshalb plausibel, weil das Empfinden einer tiefen Krise des etablierten Systems eine wichtige Bedingung dafür ist, sich überhaupt für eine neue politische Bewegung zu engagieren.

Dass der politische Standort der AfD rechts einzuordnen ist, sehen auch ihre Mitglieder ganz überwiegend selbst so. Dabei sind freilich die Einstellungen der klaren Mehrheit eher als „konservativ" und nicht als rechtsradikal zu qualifizieren. Rechtsradikales Gedankengut spielt eine Rolle. Die Stimmen, die das Geschichtsbild der Deutschen revidieren und relativieren wollen, gibt es. Aber es ist eine eher kleine Minderheit, die in unserer Untersuchungsgruppe sicher bei 8–10 %, allenfalls bei 15 bis 20 % anzusetzen ist.

Die AfD der beiden untersuchten Kreisverbände ist eine überwiegend konservative oder national-konservative Partei mit Rändern und offenen Übergängen zum Spektrum des Rechtsradikalismus. Geschlossene rechtsradikale Weltbilder finden sich jedoch nur bei wenigen. Mit ihrer radikalen Kritik an der Flüchtlings- und Einwanderungspolitik der Bundesregierung artikulieren die AfD-Mitglieder – in oft überspitzter Form – Situationsdeutungen und Problemempfindungen, die in weiten Teilen der Gesellschaft verankert sind. Ihre programmatische Entwicklung in den Grundfragen der Sozial- und Wirtschaftspolitik zwischen wirtschaftsliberalen und sozialprotektionistischen Positionen erscheint derzeit völlig offen. Lediglich in der Außenpolitik entfernt sich die Partei mit ihren erkennbar auch in der Mitgliedschaft verankerten russophilen Tendenzen erstaunlich weit vom gesellschaftlichen Mainstream, der freilich auch nicht der offiziellen Regierungspolitik entspricht. Diese Entfernung gilt im Grundsatz auch für die Kritik der AfD an Europa. Trotz zunehmender Europaskepsis auch in Deutschland hat eine Renationalisierung hier nur die Unterstützung von Minderheiten.

Das durchschnittliche AfD-Mitglied in den von uns untersuchten Kreisverbänden fürchtet um die Zukunft seines Landes. Er sieht mit der Masseneinwanderung aus anderen Kulturkreisen eine Bedrohung der ihm vertrauten kulturellen Heimat und der hier geltenden Regeln verbunden. Bedrohlich erscheint ihm vor allem der Islam, der ihm mehr als Ideologie denn als Religion gilt. Er hält die kulturelle Libertinage des Zeitgeistes für übertrieben, auch wenn er den Wandel im Geschlechterrollenverhältnis der letzten Jahrzehnte im Grundsatz akzeptiert

11 Fazit

und Homosexualität weder als unmoralisch noch als widerwärtig betrachtet. Die konventionelle Familie müsste gegenüber dem aus seiner Sicht allgegenwärtigen Werterelativismus deutlich gestärkt werden. Brüssel ist für ihn ein bürokratischer Moloch; eine europäische Wirtschaftsgemeinschaft macht Sinn, die Einführung des Euro aber war ein Fehler. Der Hype ums Klima gilt ihm als übertrieben, auch der Beschluss zum Ausstieg aus der Atomenergie war voreilig. Die herrschenden Eliten haben sich weit von der Bevölkerung entfernt. Deshalb muss den Bürgern die Stimme zurückgegeben werden, die ihr der „schwarz-rot-grüne Sumpf" im Verbund mit einem Großteil der Medien, besonders der öffentlich-rechtlichen, genommen hat und durch andauernde Bevormundung weiter nimmt.

Dieser prototypische AfD-Aktivist ist konservativ oder national-konservativ mit populistischen Einschlägen. Im Multikulturalismus sieht er eine Bedrohung des gesellschaftlichen Zusammenhalts und verlangt nach Geltung einer deutschen Leitkultur. Gegen die Pluralisierung der Lebensformen setzt er auf die traditionelle Familie. Man kann ihn wohl einen Nationalkonservativen nennen. Ein Rechtsradikaler aber ist er nicht. Er mag bedauern, dass es Politiker wie Strauß oder Dregger nicht mehr gibt. Aber er akzeptiert die Grundlagen der freiheitlich-demokratischen Grundordnung.

Man kann der AfD vorhalten, die Grenzen zum Rechtsradikalismus fließend zu halten und den klaren Trennungsstrich zum offenen Rassismus und zur Umdeutung der Geschichte zu vermeiden. Einflüsse rechter „Thinktanks" sind – besonders in Ostdeutschland – nicht zu leugnen. Immer wieder sorgen auch öffentliche Äußerungen Einzelner für den Eindruck von Grenzüberschreitungen. Die Partei in ihrer Gesamtheit aber deshalb in die Ecke rechtsradikaler Verfassungsfeindlichkeit zu rücken und sie mit dem Etikett „rechtsradikal" zu versehen, erscheint im Lichte unserer Ergebnisse nicht angebracht.

Darüber hinaus scheint fraglich, ob die Analyse solcher neuer parteipolitischer Phänomene auf der politischen Rechten in den Kategorien der Erforschung des klassischen Rechtsradikalismus für ihr Verständnis überhaupt besonders förderlich ist. Die AfD ist entstanden aus einer politischen Konstellation, in der sich langfristig wirksame strukturelle Veränderungen mit situativen Faktoren verbunden haben. Die Kontinuität eines eher sektenhaften Spektrums der „neuen Rechten" ist demgegenüber weniger bedeutsam. Analysen der Partei, die dies als vorrangigen Bezugspunkt ansehen, laufen jedenfalls Gefahr, sich als allzu vergangenheitsbezogen zu erweisen.

Mit Globalisierung, Europäisierung und Massenzuwanderung aus anderen Kulturkreisen sind Wertekonflikte entstanden, die durch die kulturell hegemoniale Rolle kosmopolitischer, multikulturalistischer und postmaterialistischer Einstellungen, wie sie sich in der deutschen Gesellschaft seit den neunziger Jahren etabliert hatte, keineswegs erledigt waren. Vielmehr hat sich gerade durch diesen Erfolg ein Resonanzboden für eine Gegenbewegung gegen diesen Zeitgeist entwickelt, wie schon mit dem Erfolg des Sarrazin-Buches 2010/2011 überaus deutlich wurde. Eine große Zahl an Bürgern hat ihre Grundhaltung einer Skepsis gegenüber einer „kosmopolitisch-libertären" Moderne trotz aller hegemonialen Kraft von Leitmedien und etablierter Politik beibehalten – schon vor der Flüchtlingskrise.

Eine besondere Rolle spielte dabei der wachsende Verlust an Bindungskraft der Union gegenüber konservativen Wählermilieus als Folge einer Modernisierung der Partei, die zwar für den Erhalt von Mehrheits- und Regierungsfähigkeit nützlich war, aber zugleich die Integrationsfähigkeit der Partei nach rechts gefährdete. So erlebte die Union in der Konsequenz spiegelverkehrt das, was die Sozialdemokraten in der Ära Schmidt mit dem Aufkommen der Grünen erlebten. In der Anhängerschaft der Union ist die Annäherung der schwarz-grünen Eliten in diesen Grundfragen keineswegs umstandslos nachvollzogen worden.

Gefördert wurde dies durch Stil und Machttechnik in der Ära Merkel. Die Kanzlerin vermied seit ihrem Machtantritt 2005 nahezu jede ideologische Festlegung und diskursive, argumentative Begründung von Politik. Stattdessen übernahm sie wechselweise Elemente anderer Parteiprogramme, soweit dies machtpolitisch nützlich erschien. Sie „entkernte" damit nicht nur die programmatische Identität ihrer eigenen Partei, sondern verwandelte das Land in eine Republik, in der die politisch-programmatische Auseinandersetzung zwischen Regierung und Opposition anscheinend gar nicht mehr stattfand. Es entstand eine Art „sanfter Bonapartismus" als eine auf die Person zugeschnittene Herrschaftsform, die sich als pragmatisch und tendenziell überparteiliches direktes Vollzugsorgan der Interessen der Wähler darstellte. Gerade dieser Gestus der „Überparteilichkeit" und die fehlende politisch-kommunikative Bearbeitung von Positionswechseln aber verärgerte die konservativen Teile der Union und gab vielen anderen das Gefühl von Alternativlosigkeit in der Politik[219].

Mit der Eurokrise und der unbedachten Rede von der „Alternativlosigkeit" dieser Politik war schließlich ein mobilisierungsträchtiges Thema vorhanden, in dem ökonomische wie pragmatische Einwände diesen Resonanzboden zum Schwingen bringen konnten.

Besonders breit war dieser Boden von Anfang an in Ostdeutschland, wo sich kulturelle Besonderheiten einer DDR-Sozialisation in einer vergleichsweise ethnisch homogenen Gesellschaft und tiefsitzende Enttäuschungs- und Missachtungsgefühle, deren Entstehung bis in die Probleme der Ausgestaltung der Deutschen Einheit zurückführt, miteinander verbanden und die etablierten Parteien nie die gesell-

---

219 Vgl. u. a. Thomas Wagner, Wer sind die neuen Rechten..., S. 166ff.

11 Fazit

schaftliche Verankerung erreicht hatten, die sie im Westen noch immer haben. Entsprechend größer blieb hier stets die Neigung zu Protest und Ablehnung der als vom Westen geprägt wahrgenommenen Struktur des etablierten Institutionengefüges.

Der Empörungsfuror, der schon der gegenüber heute eher gemäßigten Lucke-AfD in der etablierten Welt entgegenschlug, hat den Aufstieg der neuen Partei dann eher gefördert als gebremst. Als diese dann mit dem Spaltungsparteitag 2015 ihre erste schwere Krise erlebte, kam ihr das singuläre Ereignis der Grenzöffnung im September 2015 zur Hilfe. Ihre die ganze deutsche Gesellschaft aufwühlenden Folgen boten unter den Bedingungen einer im parlamentarischen Raum praktisch nicht vorhandenen Opposition gegen die Flüchtlingspolitik der Regierung der neuen Rechtspartei ideale Gelegenheitsräume. Dass sie diese dann auch zu Wahlerfolgen nutzen konnte, ist durch die Überreaktion einer auf die Entlarvung der „neuen Nazis" fixierten etablierten Welt zusätzlich gefördert worden.

Die AfD lässt sich als den einen Pol eines grundlegenden Wertekonflikts betrachten, dessen Gegenpol im parteipolitischen Raum am deutlichsten von den Grünen verkörpert wird. Gegen deren Vorstellungen von Vielheit, Multikulti, Gender und Klimapolitik artikuliert sich in der AfD und ihrem Umfeld eine Opposition, die offene Grenzen, Zuwanderung und Internationalisierung, aber auch Feminisierung und Pluralisierung von Lebensformen nicht oder jedenfalls nicht zuerst als Chance sieht, sondern als Gefahr für ihre sozialen Lebenschancen und als Bedrohung ihrer kulturellen Identität. Für sie bedeutet Multikulti keine Bereicherung und kein Zugewinn an Möglichkeiten, sondern unerwünschte Veränderung ihrer Lebenswelt und ihrer Ordnungsvorstellungen. Sie finden sich in weiten Teilen der öffentlichen Debatten um Minderheitenrechte nicht wieder. Zugleich sind sie verunsichert durch die fundamentalen Veränderungen der Geschlechterrollenverhältnisse und der Familienstrukturen. In Ostdeutschland kommen die unverdauten Folgeprobleme einer nicht in allen Teilen gelungenen Einheit hinzu.

Diese Konfliktlinie wurzelt zu tief in der Gesellschaft, als dass sie morgen oder übermorgen verschwunden sein könnte. So groß kann der Integrationserfolg bei den Zuwanderern gar nicht sein, als dass nicht immer wieder neue Probleme auch neue Mobilisierungsanlässe bieten werden. Und zu stark ist inzwischen die Bindungsschwäche der alten Volksparteien. Selbst wenn die Parteiorganisation der AfD ihren ständigen internen Querelen eines Tages zum Opfer fallen würde – der Geist ist aus der Flasche, der Konflikt bleibt und damit die offene Flanke von rechts.

Dass die AfD in Ostdeutschland erfolgreicher ist als im Westen und dort auch nationalistische und „völkische" Töne breiteren Raum einnehmen, hat mit den Langfristfolgen der Transformation nach 1989 zu tun. In vielen ostdeutschen Familien war diese Transformation mit Arbeitslosigkeit, Angst vor sozialem Abstieg und dem Gefühl einer Entwertung der privaten Lebensleistungen verbunden. Unter diesen Bedingungen konnte ein stabiles politisches System kaum entstehen und musste die Distanz zum staatlichen System größer bleiben als im Westen, zumal dieses System von vielen als „importiert" erfahren wurde. Daraus entstand mit einer größeren Labilität auch der Wunsch nach Eindeutigkeit und Versicherung der eigenen kulturellen Identität. Viele Ostdeutsche hatten zu viel als Bedrohung ihrer angestammten Lebenswelt empfundene Veränderung erlebt, als dass ihnen jetzt der Sinn nach neuen Gesellschaftsexperimenten stehen konnte.

Die deutsche Geschichte erzwingt eine besondere Sensibilität gegenüber den Gefahren antidemokratischer Bewegungen von rechts. Das ist gut so. Aber der seit 1968 nach links verschobene demokratische Grundkonsens entbindet nicht von der Notwendigkeit nüchterner Betrachtung jenseits kruder Antifa-Rhetorik. Und die Fehler bei der Aufarbeitung des Nationalsozialismus lassen sich nicht durch übersteigerte Entlarvungskampagnen kompensieren. Dass es eine rechte Partei geben könnte, die sich innerhalb des Verfassungsbogens bewegt und die demokratischen Spielregeln achtet, ist nicht von vornherein einfach auszuschließen.

Seit dem Aufgehen der Deutschen Partei in der Union am Ende der fünfziger Jahre hat die deutsche Gesellschaft eine solche Erfahrung mit einer Rechtspartei nicht mehr gemacht. Die NPD der sechziger Jahre war zu offensichtlich auch ein Sammelbecken der „alten Kameraden" und der kurze Höhenflug der „Republikaner" schnell vorbei. Vieles spricht dafür, dass der Versuch, die AfD in diesen historischen Kategorien zu deuten, mehr zudeckt als erklärt. Vielleicht braucht es einfach eine Zeit der Gewöhnung, wenn sich die politische Landschaft so grundlegend verändert. Dass es ohne größere Folgen bleiben würde, wenn sich die Union nach links zur „libertären" Politik öffnet, war jedenfalls von vornherein wenig wahrscheinlich.

An der politischen Auseinandersetzung mit der AfD wird auf Sicht kein Weg vorbeiführen. Welchen Weg diese Partei oder der „gärige Haufen" (Alexander Gauland) dabei einschlagen wird, erscheint heute vollkommen offen: Werden sich früher oder später Flügelkämpfe zwischen „Realos" und „Fundis" zeigen – die einen auf Parlamentarismus, Kompromiss und perspektivischer Bündnisfähigkeit orientiert, die anderen auf Fundamentalopposition und „Bewegungspartei"? Möglich ist das. Schließlich ist die Integrationskraft des demokratischen Institutionengefüges nicht eben gering und der Imageschaden beträchtlich, den die Höckes und Poggenburgs für die AfD zumindest im Westen immer wieder anrichten. Ausgeschlossen ist demnach eine neuerliche Spaltung nicht.

Der Furor der Empörungs- und Entlarvungsrhetorik ist nicht nur kontraproduktiv, sondern wird sich auf Dauer auch kaum durchhalten lassen. Zumal sich die potentiellen AfD-Wähler davon offenkundig kaum beeindrucken lassen. Wenn nach der Wahl alle etablierten Parteien davon sprachen, dass man die Wähler der AfD zurückholen müsse, nur um die gleichen Wähler im nächsten Satz tüchtig zu beschimpfen, musste man sich schon verwundert nach der Logik dieser Einlassungen fragen. Dies gilt erst recht für die gewöhnlichen AfD-Mitglieder. Während diese subjektiv überzeugt sind, dass sie für Freiheit und Basisdemokratie arbeiten, werden sie von der Mehrheitsgesellschaft mit Nazi-Vergleichen überzogen. Niemand unter ihnen wird davon erreicht.

Der Politikwissenschaftler Wolfgang Merkel hat von einem „kosmopolitischen Geist mit überschießender Moralität" als Wachstumstreiber der neuen Rechten gesprochen, der Journalist Hans Monath von „Hochmut der Vernünftigen"[220]. Das trifft die Lage ganz gut.

Deshalb ist mehr Gelassenheit im Umgang mit der neuen Rechtspartei dringend anzuraten. Eine Gelassenheit, die die politische Auseinandersetzung in der Sache hart und klar austrägt, gleichwohl nicht den Eindruck hervorbringt, die etablierten Parteien von den Linken bis zur Union reklamierten für sich einen Monopolanspruch auf politische Gestaltung eines demokratischen Gemeinwesens. Ausgrenzung ist kein Konzept.

---

220 Vgl. Monath (2017)

Nachwort

Die Untersuchung, die im Mittelpunkt dieser Studie steht, hätte ohne die Hilfe der studentischen Projektgruppe gar nicht durchgeführt werden können. Deshalb gebührt den Studierenden David Bartel, Mathias Beck, Corinna Becker, Kiristiyen Ecer, Laura Frank, Mirko Hecklinger, Nina Hill, Daniela Lauer, Fabian Lösche, Moritz Möller, Danijela Rakic, Fabienne Riedel, Julia Scherer, Vanessa Schäfer und Lena Zölzer mein besonderer Dank. Sie haben mit großem Engagement an der Vorbereitung, Durchführung und Auswertung unserer Befragung mitgearbeitet.

Ein besonderer Dank gilt schließlich auch meiner Kollegin Julia Weichel für ihre Unterstützung im Rahmen des Projekts und ihre Ratschläge insbesondere bei den methodischen Fragen, die eine solche Arbeit aufwirft. Zu danken ist schließlich auch denjenigen Mitgliedern der AfD, ohne deren Mitwirkung dieses Projekt nicht möglich gewesen wäre.

Marburg, im Februar 2018

Literaturverzeichnis

Alexander, R. (2017). *Die Getriebenen. Merkel und die Flüchtlingspolitik: Report aus dem Innern der Macht.* 5. Aufl. München: Siedler Verlag

Alternative für Deutschland (Hrsg.) (2014). Politische Leitlinien der Alternative für Deutschland. Berlin

Alternative für Deutschland (Hrsg.). (2014). Mut zu Deutschland – Das Programm der AfD zur Europawahl 2014. Berlin

Alternative für Deutschland (Hrsg.). (2016). Programm für Deutschland – Das Grundsatzprogramm. Stuttgart

Alternative für Deutschland (Hrsg.). (2017). Programm für Deutschland – Wahlprogramm der Alternative für Deutschland für die Wahl zum Deutschen Bundestag am 24. September 2017. Berlin

Amann, M. (2017). *Angst für Deutschland. Die Wahrheit über die AfD: wo sie herkommt, wer sie führt, wohin sie steuert.* München: Droemer Knaur

Bebnowski, D. (2016). „Gute" Liberale gegen „böse" Rechte? In: A. Häusler (Hrsg.), *Die Alternative für Deutschland. Programmatik, Entwicklung und politische Verortung* (S. 25-35). Wiesbaden: Springer VS

Bender, J. (2017). *Was will die AfD? Eine Partei verändert Deutschland.* München: Pantheon Verlag

Bertelsmann Stiftung (Hrsg.). (2016). *GED-Study. Einstellungen zum globalen Handel und TTIP in Deutschland und den USA.* Gütersloh: Bertelsmann Stiftung

Biehl, H., Höfig, C., Steinbrecher, M, & Wanner, M. (2015). *Sicherheits- und verteidigungspolitisches Meinungsklima in der Bundesrepublik Deutschland. Ergebnisse und Analysen der Bevölkerungsbefragung 2015.* Potsdam: Zentrum für Militärgeschichte und Sozialwissenschaften der Bundeswehr

Blieser, Th. (2017). Die Silvesternacht von Köln und die Folgen – ein kritischer Blick auf die „Ausländerkriminalität". *Jahrbuch Öffentliche Sicherheit 2016/2017.* Baden-Baden: Nomos

Bruttel, O. (2014). Europäische Integration und Krise in der Eurozone. Integration. Vierteljahreszeitschrift des Instituts für Europäische Politik in Zusammenarbeit mit dem Arbeitskreis Europäische Integration 3/2014, S. 275ff. Baden-Baden: Nomos

Butzlaff, F., Hambauer, V. (2014). *Mitgliederbefragung der SPD. Die SPD-Mitglieder und das Votum zum Koalitionsvertrag.* Göttingen: Georg-August-Universität Göttingen. Institut für Demokratieforschung

Cakir, N. (2016). PEGIDA: Islamfeindlichkeit aus der Mitte der Gesellschaft. In: A. Häusler (Hrsg.), *Die Alternative für Deutschland. Programmatik, Entwicklung und politische Verortung* (S. 149-162). Wiesbaden: Springer VS

Decker, F. (2012). Populismus und Gestaltwandel des demokratischen Parteienwettbewerbs. *APuZ 5-6/2012*

Decker, F. (2016). Die „Alternative für Deutschland" aus der vergleichenden Sicht der Parteiforschung. In: A. Häusler (Hrsg.), *Die Alternative für Deutschland. Programmatik, Entwicklung und politische Verortung* (S. 7-23). Wiesbaden: Springer VS

Decker, O., Kiess, J., Brähler, E. (Hrsg.). (2016). *Die enthemmte Mitte. Autoritäre und rechtsextreme Einstellung in Deutschland*. 2. Aufl. Gießen: Psychosozial-Verlag

Döring, N., Bortz, J. (2016). *Forschungsmethoden und Evaluationen in den Sozial- und Humanwissenschaften*. 5. Aufl. Berlin/Heidelberg: Springer

Feldenkirchen, M., Hoffmann, Ch., & Pfister, R. (2014). Die Bündnisfrage. *Der Spiegel 28/2014*

Friedrich, S. (2017). *Die AfD. Analysen - Hintergründe - Kontroversen*. Berlin: Bertz+Fischer

Hagemann, S., & Nathanson, R. (2015). *Deutschland und Israel heute. Verbindende Vergangenheit, trennende Gegenwart?* Gütersloh: Bertelsmann Stiftung

Heinrich, R., Jochem, S., & Siegel, N. A. (2016). *Die Zukunft des Wohlfahrtsstaates. Einstellungen zur Reformpolitik in Deutschland*. Berlin: Friedrich-Ebert-Stiftung

Heitmeyer, W. (2011). Deutsche Zustände. Frankfurt am Main: Suhrkamp

Hensel, A. , Finkbeiner, F. (2017). *Die AfD vor der Bundestagswahl 2017. Vom Protest zur parlamentarischen Opposition*. Frankfurt am Main: Otto Brenner Stiftung

Herkenhoff, A.-L. (2016). Rechter Nachwuchs für die AfD – die Junge Alternative (JA). In: A. Häusler (Hrsg.), *Die Alternative für Deutschland. Programmatik, Entwicklung und politische Verortung* (S. 201-217). Wiesbaden: Springer VS

Jörke, D., Seltz, V. (2017). *Theorien des Populismus zur Einführung*. Hamburg: Junius

Klein, M. (2011). Wie sind Parteien gesellschaftlich verwurzelt? In: Spier, T., Klein, M., Alemann, U., Hoffmann, H., Laux, A., Nonnenmacher, A. & Rohrbach, K. (Hrsg.), *Parteimitglieder in Deutschland* (S. 39-59). Wiesbaden: VS Verlag für Sozialwissenschaften

Körber-Stiftung (Hrsg.) (2016). *Zweifel oder Zuversicht? Ergebnisse einer repräsentativen Umfrage zur Sicht der Deutschen auf die Außenpolitik*. Berlin: Körber-Stiftung

Korsch, F. (2016). „Natürliche Verbündete"? In: A. Häusler (Hrsg.), *Die Alternative für Deutschland. Programmatik, Entwicklung und politische Verortung* (S. 111-134). Wiesbaden: Springer VS

Krautkrämer, F. (2014). *Aufstieg und Etablierung der „Alternative für Deutschland". Geschichte, Hintergründe und Bilanz einer neuen Partei*. Berlin: Junge Freiheit

Lewandowsky, M. (2016). Die Verteidigung der Nation: Außen- und europapolitische Positionen der AfD im Spiegel des Rechtspopulismus. In: A. Häusler (Hrsg.), *Die Alternative für Deutschland. Programmatik, Entwicklung und politische Verortung* (S. 39-51). Wiesbaden: Springer VS

Monath, H. (2017). Der Hochmut der Vernünftigen. Der Tagesspiegel. 22.06.2017

Müller, J.-W. (2016). *Was ist Populismus? Ein Essay*. Berlin: Suhrkamp

Neu, V. (2017). *„Ich wollte etwas bewegen." Die Mitglieder der CDU*. Bonn: Konrad-Adenauer-Stiftung

Niedermayer, O. (2016). Parteimitglieder in Deutschland. Arbeitshefte aus dem Otto-Stammer-Zentrum, Nr. 26. Freie Universität Berlin

Priester, K. (2012). *Rechter und linker Populismus: Annäherung an ein Chamäleon*. Frankfurt am Main/New York: Campus

Literaturverzeichnis

Priester, K. (2012). Wesensmerkmale des Populismus. *APuZ 6/2012*
Salzborn, S. (2017). *Angriff der Antidemokraten. Die völkische Rebellion der Neuen Rechten.* Weinheim: Beltz Juventa
Speit, A. (2016). *Bürgerliche Scharfmacher. Deutschlands neue rechte Mitte – von AfD bis Pegida.* Zürich: Orell Füssli Verlag
Spier, T. (2011). Welche politischen Einstellungen haben die Mitglieder der Parteien? In: Spier, T., Klein, M., Alemann, U., Hoffmann, H., Laux, A., Nonnenmacher, A. & Rohrbach, K. (Hrsg.), *Parteimitglieder in Deutschland* (S. 121-137). Wiesbaden: VS Verlag für Sozialwissenschaften
Spier, T., Klein, M., Alemann, U., Hoffmann, H., Laux, A., Nonnenmacher, A. & Rohrbach, K. (Hrsg.) (2011). Parteimitglieder in Deutschland. Wiesbaden: VS Verlag für Sozialwissenschaften
Vorländer, H., Herold M. & Schäller, S. (2016). PEGIDA. Wiesbaden: Springer VS
Wagner, Th. (2017). *Die Angstmacher. 1968 und die Neuen Rechten.* Berlin: Aufbau Verlag
Weiß, V. (2017). *Die autoritäre Revolte. Die Neue Rechte und der Untergang des Abendlandes.* Stuttgart: Klett-Cotta
Werner, A. (2015). Vor der Zerreißprobe: Wohin treibt die AfD? *Blätter für deutsche und internationale Politik 2/2015*, 83ff.
Wiermer, Ch., Voogt, G. (2017). *Die Nacht, die Deutschland veränderte.* München: Riva
Zück, A., Küpper, B. (2015). *Wut, Verachtung, Abwertung. Rechtspopulismus in Deutschland.* Bonn: Verlag J.H.W. Dietz Nachf.

The manufacturer's authorised representative in the EU is Springer Nature Customer Service Centre GmbH, Europaplatz 3, 69115 Heidelberg, Germany. If you have any concerns regarding our products, please contact ProductSafety@springernature.com

Printed and bound by CPI Group (UK) Ltd, Croydon, CR0 4YY
23/03/2026
02076393-0008